deutsch üben 16

AF198401

Sabine Dinsel / Susanne Geiger

Verb-Trainer

Das richtige Verb in der richtigen Form

Hueber Verlag

ist eine Reihe von Übungsbüchern zu Grammatik, Wortschatz und Rechtschreibung, die als kursunabhängiges Material zu jedem beliebigen Lehrbuch, aber auch kurstragend benutzt werden können. Der Übungsschwerpunkt liegt im mündlichen und schriftlichen Spracherwerb.

Sämtliche Bände sind auch für den Selbstunterricht geeignet.

Bildnachweis

S.55: CarSharing mit freundlicher Genehmigung von © Mobility CarSharing Schweiz
S.64: Franz Beckenbauer © Thinkstock/Getty Images/Carsten Koall
S.66: Katarina Witt © iStock/ollo
S.68: Carl Spitzweg „Der arme Poet" © Glowimages/Fine Art Images

4. 3. 2. | Die letzten Ziffern
2019 18 17 16 15 | bezeichnen Zahl und Jahr des Druckes.
Alle Drucke dieser Auflage können, da unverändert,
nebeneinander benutzt werden.
1. Auflage
© 2015 Hueber Verlag GmbH & Co. KG, München, Deutschland
Lektorat: Gernot Häublein, Altfraunhofen
Redaktion: Hans Hillreiner, Hueber Verlag, München
Umschlaggestaltung: creative partners gmbh, München
Fotogestaltung Cover: wentzlaff | pfaff | güldenpfennig kommunikation gmbh, München
Coverfoto: Mann © Strandperle/Premium RF/Gerhard Zerbes, Hand © iStockphoto/kyoshino
Zeichnungen: Irmtraud Guhe, München
Satz und Layout: Petra Obermeier, München, Birgit Winter, München
Druck und Bindung: PHOENIX PRINT GmbH, Deutschland
Printed in Germany
ISBN 978-3-19-107491-3

Art. 530_19738_001_02

Seite

Liebe Deutschlerner,

Mit dem Übungsbuch **Verb-Trainer – Das richtige Verb in der richtigen Form** können Sie
- Ihre **Grammatik**kenntnisse im Bereich Verbformen und Verbstellung wiederholen und vertiefen,
- die Verwendung des richtigen Verbs in der richtigen Form in authentischen Kontexten und Situationen einüben,
- Ihren **Wortschatz** zu einzelnen Themengebieten erweitern.

Der **Verb-Trainer** richtet sich an
- Lerner der oberen Grundstufe (A2/B1) sowie der Mittel- und Oberstufe (B2/C1/C2),
- Lerner, die sich auf eine Prüfung oder ein Zertifikat vorbereiten,
- Muttersprachler, die ihre Sprachkenntnisse reflektieren und überprüfen wollen.

Das Übungsbuch eignet sich zum Selbststudium und kann kursbegleitend eingesetzt werden.

Der **Verb-Trainer** bietet
- **88 Übungen** mit den zugehörigen **Lösungen**,
- eine tabellarische **Übersicht** über die **Verb-Grammatik**,
- **83 Verbtabellen** mit Konjugationen für alle deutschen Verben,
- eine **alphabetische Verbliste** mit rund 3000 Verben.

Die **Übungen** sind in **sieben Themenbereiche** unterteilt: *Alltag / Mitmenschen / Lernen & Beruf / Unterwegs / Freizeit & Sport / Aktuelles / Verschiedenes*. Alle Übungen geben authentische Situationen wider und sind dem aktuellen schriftlichen bzw. mündlichen Sprachgebrauch angepasst. Manche Übungen bestehen aus mehreren Teilen (A, B, C, D), die thematisch bzw. grammatikalisch zusammengehören. Teilweise gibt es ergänzende **Zusatzübungen** mit individuellen Lösungen.
Zu jedem Themenbereich gibt es **Übungen auf zwei Schwierigkeitsstufen**:

- Übungen mit einem Kreis **1.** berücksichtigen Wortschatz- und Grammatikkenntnisse bis Stufe B1.
- Übungen mit Rauten-Symbol **7.** sind für Lerner ab B2 sowie für Muttersprachler geeignet. Hier sind Wortschatz, Grammatik und Textsorten entsprechend anspruchsvoll.

Der **Lösungsschlüssel** folgt direkt nach dem Übungsteil.

Im **Grammatikteil** findet man die gesamte Verbgrammatik in tabellarischer Kurzform. Er umfasst Regeln und Erklärungen zu allen Zeiten und Formen des Verbs, zu Infinitiv-Konstruktionen und zur Stellung des Verbs im Satz.

Die **83 Verbtabellen** zeigen alle möglichen Konjugationsmuster deutscher Verben. Besonderheiten der Formenbildung sind markiert. Verben mit Sternchen* gehören zum B1-Wortschatz (*Zertifikat B1, TELC B1*). Weitere Hinweise zur Verwendung der Verbtabellen finden Sie zu Beginn des Kapitels.

In der **Verbliste** sind die rund 3000 wichtigsten regelmäßigen und unregelmäßigen Verben alphabetisch aufgelistet. Bei jedem Verb wird angegeben, nach welchem Schema es konjugiert wird, ob es trennbar oder untrennbar ist, ob das Perfekt mit *haben* oder *sein* gebildet wird und wo der Wortakzent liegt. Verben mit Sternchen* gehören zum B1-Wortschatz (*Zertifikat B1, TELC B1*). Weitere Hinweise zur Verwendung der Verbliste finden Sie zu Beginn des Kapitels.

Viel Spaß beim Lernen und Üben!
Autorinnen und Verlag

Orientierung

In welcher Übung wird was geübt?

Präsens	**A**1, A4 **B**3, B5 **E**3 **G**3, G13
Perfekt	**A**11 **B**2, B8, B12 **C**1, C13 **E**4 **G**2, G5, G6, G7, G11, G12, G13, G14, G15
Imperfekt / Präteritum	**A**4 **E**4, E8, E11 **G**3, G5
Plusquamperfekt	**B**4
Futur I + II	**C**11 **D**2, D4 **F**6
Modalverben	**B**12 **D**7 **E**2 **G**1, G4, G8
Konjunktiv I	**C**10 **F**11, F12
Konjunktiv II	**A**5, A7 **B**9, B10, B11, B13 **C**2, C4 **E**5 **F**7
Imperativ	**B**1, B3 **C**12 **E**5
Passiv	**A**3, A6, A9, A10 **C**9 **D**6 **E**12 **F**3, F8
Partizipien	**A**12 **B**6 **C**6 **D**8, D9 **E**10 **F**2, F9, F10 **G**9
Infinitiv-Konstruktionen mit *zu*	**A**6 **B**7 **C**5
Infinitiv als Nomen	**A**8 **F**4 **G**10
Verbstellung	**A**10 **D**3, D6 **E**6 **F**1, F5

Aus welchen Themenbereichen kommen die Übungen?

A. Alltag

B. Mitmenschen

C. Lernen & Beruf

D. Unterwegs

E. Freizeit & Sport

F. Medien & Aktuelles

G. Verschiedenes

A. Alltag

1. Meinungen und Fragen

Bilden Sie Sätze mit *dass* und ergänzen Sie das Verb im Präsens.

	0. dass du mein Deo _benutzt_ .	benutzen
	1. dass du alles ohne mich _____ .	beschließen
	2. dass du im Sommer immer noch _____ .	heizen
	3. dass du deinen 20-jährigen Sohn noch _____ .	unterstützen
Es ist in Ordnung, Ich finde es gut,	4. dass du nicht mehr _____ .	wachsen
	5. dass du täglich Zeitung _____ .	lesen
Es ist nicht in Ordnung, Ich finde es nicht gut,	6. dass du kein Handy _____ .	besitzen
	7. dass du mich so selten _____ .	küssen
Es ist unangenehm, Ich finde es komisch,	8. dass du ohne mich _____ .	verreisen
	9. dass du nie die Tür hinter dir _____ .	schließen
Findest du es in Ordnung, ...?	10. dass du die Nachbarn nie _____ .	grüßen
Findest du es komisch, ...? Findest du es richtig, ...?	11. dass du immer deine Schlüssel _____ .	vergessen
	12. dass ich deine Kinder immer noch _____ ?	verwechseln
	13. dass ich noch Spielzeugautos _____ ?	sammeln
	14. dass ich mit Aktien _____ ?	handeln

2. Szenen beim Essen

Wie sind die Bitten formuliert: (a) höflich und geduldig oder (b) direkt und ungeduldig?

0. Gib mir sofort den Löffel!	_b_
1. Wären Sie so nett und würden das Fenster schließen?	_____
2. Legst du jetzt endlich mal den Gameboy® weg?	_____
3. Könnten Sie mir bitte ein Glas Wasser holen?	_____
4. Ich hätte gern noch ein Stück Brot.	_____
5. Kannst du nicht mal eine Minute still sitzen?	_____
6. Gib mir bitte nur wenig Fleisch.	_____
7. Essen kommen, aber sofort!	_____
8. Ich hätte gern eine neue Serviette.	_____

➲ Hier spielt natürlich auch eine Rolle, *wie* etwas gesagt wird.

3. Noch zu erledigen

A. Bilden Sie Passiv-Sätze mit *müssen*.

Petra muss gleich weg. Sie bittet die Kinder Paula und Jan:
„Könnt ihr bitte ein paar Dinge für mich erledigen? Der Frühstückstisch ...“

0. Frühstückstisch abräumen	Der Frühstückstisch _muss abgeräumt werden_ .
1. Einkaufstüte auspacken	Die Einkaufstüte _____.
2. Töpfe abwaschen, abtrocknen und aufräumen	Die Töpfe müssen _____. _____.
3. Spülmaschine ausschalten und ausräumen	Die Spülmaschine _____ _____.
4. Küche putzen	Die Küche _____.
5. leere Flaschen in den Keller tragen	Die leeren Flaschen _____.
6. Altpapier wegbringen	Das Altpapier _____.
7. Handtücher waschen	Die Handtücher _____.
8. Brot holen	Brot _____.
9. Medikamente für Oma besorgen	Die Medikamente für Oma _____.

B. Ergänzen Sie *sein* + Partizip Perfekt (Zustandspassiv).

Petra kommt mittags mit einer Freundin zurück. Sie ist überzeugt, dass noch nichts erledigt ist:

0. Der Frühstückstisch _ist_ bestimmt noch nicht _abgeräumt_ .
1. Die Töpfe _sind_ bestimmt noch nicht ...

C. Bilden Sie Sätze im Präsens oder Perfekt.

Aber dieses Mal ist fast alles schon längst erledigt oder wird gerade erledigt.
Alle haben mitgeholfen:

0. Paula _räumt_ gerade den Frühstückstisch _ab_.
   Jan _hat_ den Frühstückstisch schon längst _abgeräumt_ .

4. Das gibt's doch nicht!

Ergänzen Sie die Verbformen im Imperfekt bzw. Präsens.

0. Komisch, gestern _ging_ (gehen) der Fernseher plötzlich nicht mehr, aber heute
   funktioniert (funktionieren) er wieder.
1. Merkwürdig, gestern _____ (haben) sie noch große Schmerzen. Heute _____ (weh tun)
   ihr fast nichts mehr _____.
2. Das soll einer verstehen! Gestern _____ (verlieren) unsere Fußballspieler 5:0.
   Heute dagegen _____ (spielen) sie wie die Weltmeister.
3. Was ist bloß mit mir los? Gestern _____ (wissen) ich noch alle Wörter, jetzt _____
   (einfallen) mir in der Prüfung kein einziges mehr ____.
4. Das verstehe ich nicht. Erst gestern _____ (kommen) eine Rechnung vom Elektriker und
   jetzt _____ (schicken) er schon wieder eine.
5. Seltsam, gestern _____ (heißen) es im Radio noch, dass das Wetter schlechter wird,
   aber heute _____ (stehen) in der Zeitung, dass es schön bleibt.
6. Erklär mir das mal. Gestern _____ (geben) es das Kilo Kirschen für 7 Euro und heute
   _____ (kosten) es nur 5 Euro.
7. Unglaublich, gestern _____ (treffen) ich zufällig meinen alten Schulfreund in der
   U-Bahn und heute _____ (laufen) wir uns schon wieder über den Weg.

5. Was wäre, wenn ...?

A. Was passt zusammen? Ordnen Sie zu.

0. Wenn es keinen Fernseher gäbe,	a. würde man wie früher wieder mehr lesen.
1. Wenn es kein Handy gäbe,	b. bräuchte man wieder viele Kerzen.
2. Wenn es keine Waschmaschine gäbe,	c. könnte man nicht jeden Tag duschen.
3. Wenn es keine Spülmaschine gäbe,	d. könnte man nicht schnell mal verreisen.
4. Wenn es keinen Strom gäbe,	e. würde man wieder zu Fuß gehen oder Fahrrad fahren.
5. Wenn es kein Auto gäbe,	f. bräuchte man die Bibliotheken wieder öfter.
6. Wenn es keine Flugzeuge gäbe,	g. wäre man nicht immer und überall zu erreichen.
7. Wenn es kein Internet gäbe,	h. müsste man wieder mit Holz und Kohle heizen.
8. Wenn es keinen Kühlschrank gäbe,	i. würde das Waschen wieder viel Zeit kosten.
9. Wenn es im Haus kein fließendes Wasser gäbe,	j. würde man wieder mit der Hand abwaschen.
10. Wenn es keine Zentralheizung gäbe,	k. müsste man wieder jeden Tag frische Lebensmittel einkaufen.

0	1	2	3	4	5	6	7	8	9	10
a										

B. Ersetzen Sie die *wenn*-Sätze durch *als*-Sätze im Imperfekt. Verwenden Sie im Hauptsatz
Perfekt bzw. Imperfekt.

0. _Als_ es noch keinen Fernseher _gab_, _hat_ man mehr _gelesen_.

6. Schatz, hast du etwa vergessen ...?

Ergänzen Sie die Fragen. Verwenden Sie Infinitiv-Konstruktionen mit *zu*.
Antworten Sie mit *sein* + Partizip Perfekt (Zustandspassiv).

	Schatz, hast du etwa vergessen, ...	Natürlich nicht, meine Liebe.
0. die Milch holen	*die Milch zu holen?*	*Die Milch ist schon lange geholt.*
1. die Medikamente abholen		
2. das Fahrrad abschließen		
3. das Geschirr einräumen		
4. die Küche aufräumen		
5. die Rechnungen bezahlen		
6. den neuen Pass beantragen		
7. uns zum Tango-Kurs anmelden		Wir ... doch schon ...
8. für unseren Urlaub ein Zelt organisieren		
9. unsere Kinder an meinen Geburtstag erinnern		Das ist längst geschehen.
10. unserer Putzfrau den Urlaub genehmigen		Das habe ich zuerst gemacht.
11. dich bei den Nachbarn für den Lärm gestern entschuldigen		Das habe ich schon lange gemacht.
12. dich von deinem Chef verabschieden		So etwas vergesse ich doch nicht!

7. Tipps für Wohnungssuchende

Bilden Sie Sätze. Verwenden Sie alle drei Konjunktiv-Formen.

0. in den Zeitungen Anzeigen mit „Suche Wohnung" aufgeben
1. Versicherungen, die Wohnungen besitzen, anrufen oder anschreiben
2. Zettel mit „Suche Wohnung" in die Briefkästen interessanter Wohnhäuser werfen
3. Bekannte fragen
4. im Intranet Ihrer Firma eine Anzeige veröffentlichen
5. die Internetseiten von Immobilienmaklern durchsehen
6. Todesanzeigen lesen und die Adressen aufsuchen
7. beim Stadtbummel auf leere Wohnungen achten
8. in Geschäften nachfragen
9. in Einkaufszentren Zettel mit „Suche Wohnung" aufhängen

> An Ihrer Stelle würde ich
> Sie könnten
> Sie sollten

0. _An Ihrer Stelle würde ich jeden Tag in den Zeitungen Anzeigen mit „Suche Wohnung"_
   aufgeben.

1. Sie könnten/sollten _____

2. _____

3. _____

4. _____

5. _____

6. _____

7. _____

8. _____

9. _____

Zusatzübung: Wie findet man in Ihrem Heimatland am besten ein Zimmer oder eine Wohnung? Beraten Sie einen deutschen Freund.

8. Herr Doktor, ich habe ein Problem

A. Bilden Sie Dialoge aus den Sätzen (0-6) und (a-g). Dann entscheiden Sie: Welche Zeichnung (A-G) passt zu welchem Dialog?

0. *Beim Autofahren* sehe ich manches nur noch unscharf.
1. *Beim Essen* bekomme ich oft Sodbrennen.
2. *Beim Joggen* habe ich ständig Knieprobleme.
3. *Beim Absteigen* vom Fahrrad habe ich mir den Knöchel verstaucht.
4. *Beim Schlucken* tut mir der Hals weh.
5. *Beim Tennisspielen* habe ich Probleme mit meinem rechten Ellbogen.
6. *Beim Zähneputzen* bekomme ich immer Zahnfleischbluten.

a. Laufen belastet die Gelenke. Vielleicht haben Sie bereits eine Arthrose.
b. Tragen Sie doch mal eine Bandage. Vielleicht wird es dann besser.
c. Wahrscheinlich eine Entzündung. Haben Sie Ihre Mandeln noch?
d. Ist der Fuß denn geschwollen? Lassen Sie mal sehen.
e. Was essen Sie denn normalerweise? Zu fettes und süßes Essen verträgt der Magen nicht so gut.
f. Wir testen jetzt mal, ob Sie kurzsichtig sind und eine Brille brauchen.
g. Am besten beginnen wir gleich mal mit einer Paradentose-Behandlung.

0	1	2	3	4	5	6	7	8	9	10
f										
F										

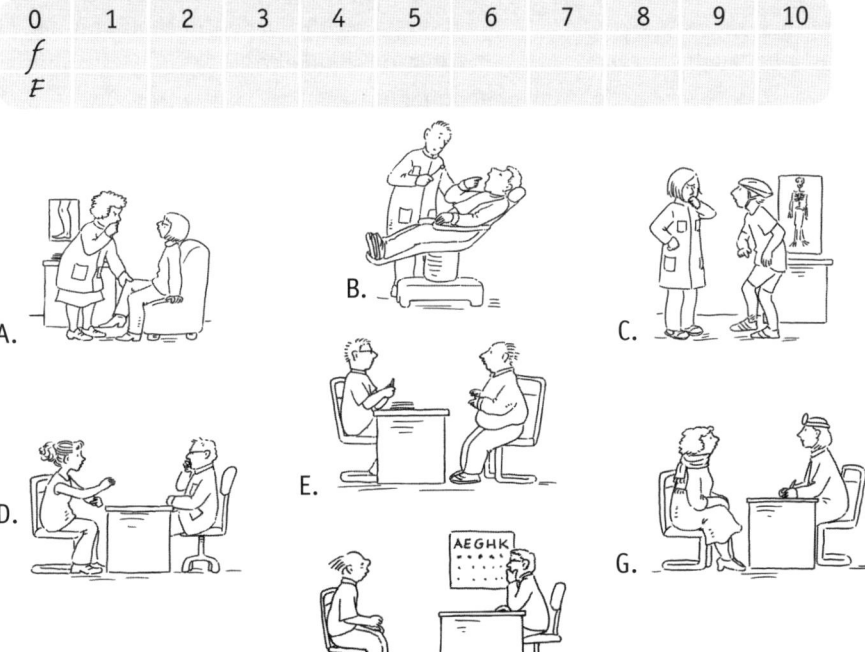

A. B. C. D. E. F. G.

B. Bilden Sie Nebensätze mit *wenn* (Satz 3 mit *als*).

0. _Wenn ich Auto fahre_ , sehe ich ...

9. Zu viel Bürokratie

Ergänzen Sie in den Passiv-Sätzen das Partizip Perfekt.

Eine Freundin braucht Rat. Was ist zu tun?

0. Mein Pass ist _abgelaufen_ .	ablaufen beantragen	Dann muss sofort ein neuer Pass _beantragt_ werden.
1. Ich bin _____ .	umziehen ändern	Innerhalb von 30 Tagen muss die Adresse im Einwohnermeldeamt _____ werden.
2. Mir wurde ein Strafzettel für Falschparken _____ .	ausstellen überweisen	Das Bußgeld muss in den nächsten 14 Tagen _____ werden.
3. Wir haben in der Ukraine _____ .	heiraten übersetzen vorlegen	Damit die Ehe auch in Deutschland gültig ist, muss die Heiratsurkunde _____ und im Einwohnermeldeamt _____ werden.
4. Mein Nachbar hat sein Haus _____ . Ich will das jetzt auch machen.	vergrößern prüfen genehmigen	Das ist nur möglich, wenn der Plan für den Ausbau von der Baubehörde _____ und _____ wird.
5. Wir haben uns einen Hund _____ .	anschaffen bezahlen abschließen	Für den Hund muss Hundesteuer _____ und eine Hunde-Versicherung _____ werden.
6. Mein Antrag auf Wohngeld wurde _____ .	ablehnen gehen beschweren	Ein Bekannter von mir ist direkt zum Wohnungsamt _____ und hat sich dort mit Erfolg _____ .

10 Familie Anders

Bilden Sie Passiv-Sätze mit *müssen*.

Frau und Herr Anders wollen in Zukunft ohne elektronische Medien leben. Dazu muss einiges erledigt werden:

0. Fernsehzeitschrift abbestellen — *Die Fernsehzeitschrift muss abbestellt werden.*

1. Radio- und Fernsehgeräte abmelden

2. Fernseher zum Wertstoffhof bringen

3. CD-Spieler entsorgen

4. DVD-Player im Internet zum Verkauf anbieten

5. Radio im Keller verstecken

6. Telefonanschluss kündigen

7. Handy-Vertrag auflösen

8. Computer verschenken

9. Playstation® im Jugendzentrum abgeben

10. Zeitung abonnieren — Dafür

- der Anschluss
- der CD-Spieler
- der Computer
- der DVD-Player
- der Fernseher
- das Gerät
- das Handy
- die Playstation®
- das Radio
- das Telefon
- der Vertrag
- die Zeitung

11 Morgenroutine

A. Wer tut morgens was? Ordnen Sie jedem Lebewesen die passende Partizipienliste zu.

Angestellte • Baby • Hund • ~~Jugendlicher~~ • Kanzlerin • Profifußballer

1.	2.	3.	4.	5.	6.
Jugendlicher					
geschlafen	geschlafen	geschlafen	geschlafen	geschlafen	geschlafen
geweckt	aufgeweckt	aufgewacht	aufgewacht	geknurrt	aufgewacht
gefrühstückt	geduscht	geklingelt	gelesen	aufgeweckt	geschrien
gehört	geschminkt	gejoggt	telefoniert	abgeschleckt	getrunken
wiederholt	angezogen	gefrühstückt	gefrühstückt	gewedelt	gespuckt
geduscht	gefrühstückt	gefahren	geduscht	geschnüffelt	gelacht
angezogen	gefahren	trainiert	angezogen	gegangen	geweint
gestritten	gestartet	gespielt	abgeholt	aufgefressen	gewickelt
gegangen	beantwortet	massiert	regiert	ausgesoffen	geschlafen

B. Ergänzen Sie das Perfekt. Setzten Sie dazu das fehlende Hilfsverb *hat* oder *ist* an die richtige Stelle.

1. Für Lea war aber gestern kein normaler Tag. Lea ▽ *hat* viel zu lange *geschlafen*, weil ihre Mutter

   sie nicht wie üblich um sieben *geweckt*. Deswegen sie auch kaum etwas *gefrühstückt* und

   auch kein Radio *gehört*. Für die Englischklausur sie noch schnell die Vokabeln *wiederholt*.

   In nur zehn Minuten sie sich *geduscht* und *angezogen*. Wegen einer Kleinigkeit sie sich kurz

   mit ihrer Mutter *gestritten*. Zehn Minuten vor acht sie aus dem Haus *gegangen* und mit dem

   Fahrrad in die Schule gerast.

2. Karin Blum hatte eine schlechte Nacht. Sie nämlich nur bis halb fünf *geschlafen*, die

   Alarmanlage eines Autos sie *aufgeweckt*. Zuerst sie kalt *geduscht*, denn für warmes Wasser

   war es noch zu früh. Danach sie sich *geschminkt*. Als sie ihr neues Kleid *angezogen*, ist

   der Reißverschluss kaputtgegangen. *Gefrühstückt* sie gar nicht, nur schwarzen Kaffee

   getrunken, weil sie nicht eingekauft hatte. Um den Tag noch zu retten, sie schon um sechs

   in die Arbeit *gefahren*. Dort sie gleich den Computer *gestartet* und E-Mails *beantwortet*.

3. Pidilski, Fußballer, tief und fest *geschlafen*. Um sechs Uhr er *aufgewacht*, weil sein Handy *geklingelt*. Wie jeden Morgen er zuerst zehn Runden im Park *gejoggt*. Auf dem Rückweg er schnell in einem kleinen Café *gefrühstückt*. Dann er mit dem Motorrad zum Training *gefahren*. Dort er mit seiner Mannschaft drei Stunden *trainiert*. Nach dem Training ihn sein Physiotherapeut zehn Minuten *massiert*.

5. Bello nicht so lange *geschlafen*, denn sein Magen *geknurrt*. Als erstes er sein Frauchen, die Hundefutter-Büchsenöffnerin, *aufgeweckt*, indem er ihre Füße *abgeschleckt*. Sobald sie die Augen aufgemacht hat, er freudig mit dem Schwanz *gewedelt* und am Teppich *geschnüffelt*. Frauchen hat natürlich seine „Hundegesten" verstanden und mit ihm in den Park *gegangen*. Kaum waren sie wieder zu Hause, hat sie die Büchse mit dem Hundefutter geöffnet und Wasser hingestellt. Bello dann in 30 Sekunden alles *aufgefressen* und einen Napf Wasser *ausgesoffen*.

C. Schreiben Sie zu den Personen 4 + 6 eine Geschichte. Benutzen Sie dabei die Partizipien in den Spalten 4 bzw. 6.

D. Ordnen Sie die Partizipien aus den vier Texten und aus den Spalten 4 und 6 in die Tabelle ein.

Verben	regelmäßig		unregelmäßig
	ge-*xxx*-(e)t	*xxx*-(e)t	ge-*xxx*-en
einfach			*geschlafen*
trennbar			
untrennbar			

12. Familienstand

Ergänzen Sie die Adjektive.

> alleinerziehend • alleinstehend • geschieden • getrennt lebend • ~~unverheiratet~~
> verheiratet • verliebt • verlobt • verpartnert • verwitwet

0. Er ist immer noch Junggeselle und ledig.	Er will _unverheiratet_ bleiben. Er ist _____.
1. Sie ist ohne Partner und hat ein Kind, das sie allein versorgt.	Sie ist _____.
2. Sie hat Herzklopfen und feuchte Hände, wenn er sie nur ansieht.	So _____ ist sie in ihn.
3. Er hat ihr einen Ring geschenkt und ihr dabei einen Heiratsantrag gemacht.	Jetzt sind sie _____.
4. Lea und Martin sind zum Standesamt gegangen, haben Papiere unterschrieben und Ringe getauscht.	Sie sind offiziell _____.
5. Peter und Paul haben sich auf dem Standesamt das Ja-Wort gegeben.	Sie sind offiziell _____.
6. Sie sind zwar noch verheiratet, haben sich aber getrennt und leben in getrennten Wohnungen.	Seit kurzem sind sie _____ _____.
7. Sie haben vor Gericht ihre Ehe beendet.	Sie sind von nun an _____.
8. Ihr Ehemann ist gestorben.	Sie ist seitdem _____.

B. Mitmenschen

1. Kinder erziehen ihre Eltern

A. Bilden Sie Imperativ-Sätze in der *du*-Form.

Die Kinder schlagen ihrem Vater / ihrer Mutter ein Spiel vor: Kinder erziehen ihre Eltern.

0. mal eine Woche nur Cola trinken	*Trink mal eine Woche nur Cola.*
1. mal Hamburger zum Frühstück essen	_____
2. mir mehr Taschengeld geben	_____
3. nicht ständig die Wohnung aufräumen	_____
4. mich nicht ständig mein Zimmer aufräumen lassen	_____
5. mal mehr Süßigkeiten kaufen	_____
6. mal weniger Nachrichten, dafür mehr Musik hören	_____
7. sich mal moderner anziehen	_____
8. mich abends nicht so früh ins Bett schicken	_____
9. öfter spannende und lustige Geschichten vorlesen	_____
10. mal von früher erzählen	_____
11. öfter mit mir ins Kino gehen	_____
12. einfach mehr Zeit mit mir verbringen	_____

B. Bilden Sie Imperativ-Sätze in der *ihr*-Form.
   Die Kinder wollen nun, dass beide Eltern mitmachen:
0. *Trinkt* mal eine Woche nur Cola.

_____

Zusatzübung: Was könnten die Eltern noch machen? Bilden Sie Sätze wie unter A und B.

2. Vielen Dank

Ergänzen Sie in den Perfekt-Sätzen *haben* oder *sein* in der richtigen Form.

Vielen Dank, dass ...

0. dass Sie sich für unsere Kreditkarte entschieden *haben* .

1. dass Sie die ganze Zeit dageblieben _____.

2. dass ihr euch so viel Zeit für uns genommen _____.

3. dass Sie Ihren Geschäftspartnern unsere Firma empfohlen _____.

4. dass die Hochzeitsfotos so schnell fertig geworden _____.

5. dass ihr uns beim Umzug geholfen _____.

6. dass du für uns auf das Dach gestiegen _____.

7. dass Sie uns so schnell zurückgerufen _____.

8. dass ihr trotz Gewitter gekommen _____.

9. dass du in schwierigen Zeiten immer für mich da gewesen _____.

10. dass Ihre Firma die neuen Schul-Computer bezahlt _____.

11. dass du letztes Wochenende mit mir spazieren gegangen _____.

12. dass Sie sich das ganze Wochenende so nett um uns gekümmert _____.

13. dass ihr heute alle pünktlich erschienen _____.

14. dass du den Fragebogen für mich ausgefüllt _____.

15. dass ihr am Ende dieser Übung nicht eingeschlafen _____. Oder doch?

Mögliche Antworten:

Kein Problem.
Das habe ich doch gerne gemacht.
Bitte.
Gern geschehen.
Gerne.

3. Der eine spricht, die andere denkt

Ergänzen Sie das Verb. Denken Sie an den Vokalwechsel.

Ein junger Mann meint, seiner
Freundin Tipps geben zu müssen:

Was *denkt* die Freundin darüber?

0. _Fahr_ doch mal mit dem
Fahrrad in die Arbeit.

Warum gerade ich? Du _fährst_ doch
auch nie mit dem Fahrrad.

fahren

1. _____ nicht dein ganzes Geld
für Make-up und Kleider _____.

Du hast gar keine Ahnung, wofür
ich mein Geld _____

ausgeben

2. Bitte _____ mir bei meiner
Steuererklärung.

Ich _____ dir doch jedes Jahr
dabei, aber langsam habe ich keine
Lust mehr dazu.

helfen

3. _____ doch mal meine Eltern
zum Kaffee _____.

Du _____ meine Eltern doch
auch nie _____

einladen

4. _____ dich von deinen Eltern
nicht immer so ausnutzen.

Und du _____ dich von deinen
Eltern total verwöhnen – ist das
etwa besser?

lassen

5. _____ täglich zwei Vitamin-
Tabletten, dann wirst du nicht
so schnell krank.

Wann und wie oft ich Tabletten
_____, bestimme ich allein.

nehmen

6. _____ nicht immer bis
spät in die Nacht _____.

Ich _____ _____, solange ich
will.

fernsehen

7. _____ doch mal mit mir
über deine Probleme.

Darüber _____ ich wohl besser
mit meiner Freundin.

sprechen

8. _____ dich nicht so oft
mit deinen Freundinnen.

Bist du etwa eifersüchtig, wenn ich
meine Freundinnen _____?

treffen

9. _____ endlich mal
erwachsen.

Und wann _____ du endlich
erwachsen?

werden

10. _____ nicht ständig deine
Schlüssel.

Aber dafür _____ ich nie deinen
Geburtstag.

vergessen

4. Wir heiraten

Ergänzen Sie in jedem Satz das Verb im Plusquamperfekt.

0. Nachdem wir zehn Jahre _zusammengelebt hatten_, beschlossen mein Freund und ich, im März zu heiraten.

   zusammenleben

1. Obwohl wir beide nur wenigen Freunden _____, dass wir heiraten, kamen fast dreißig Leute zum Standesamt.

   mitteilen

2. Am Standesamt holte uns ein Freund mit seinem VW-Cabriolet ab. Er _____ uns vor langer Zeit mal _____, an unserer Hochzeit den Chauffeur zu spielen.

   versprechen

3. Unsere Eltern luden uns nach dem Standesamt in ein wirklich gutes Restaurant ein. Ein paar Wochen vorher _____ sie schon mal dort _____ und _____ das Menü _____.

   sein
   probieren

4. Im Sommer gaben wir dann ein großes Fest für alle. Es war richtig schön, denn viele Freunde _____ wir schon lange nicht mehr _____.

   sehen

5. Eigentlich _____ wir keine Hochzeitsreise _____. Aber das gemeinsame Geschenk unserer Freunde war eine Reise auf die Malediven.

   planen

5. Versprechungen

Ergänzen Sie das Verb im Präsens. Denken Sie an den Vokalwechsel und daran, welche Verben trennbar bzw. untrennbar sind.

Eine Mutter zu ihrer 18-jährigen Tochter: „Versprich mir bitte, dass ..."

0. dass du heute Nachmittag keinen von deinen Freunden _einlädst_ .

Ich _lade_ ja niemanden _ein_ .

einladen

1. dass du heute das Kochen _____ .

Gut, ich _____ das Kochen _____ .

übernehmen

2. dass du in der Stadt nicht dein ganzes Geld _____ .

Ich _____ doch nie mein ganzes Geld _____ .

ausgeben

3. dass du heute nicht _____ , Oma zum Geburtstag zu gratulieren.

Ich _____ doch Omas Geburtstag nicht _____ .

vergessen

4. dass du nicht wieder vor dem Fernseher _____ .

Aber ich _____ so gut vor dem Fernseher _____ .

einschlafen

5. dass du mir heute dein Geheimnis _____ .

Ich habe es mir anders überlegt, ich _____ dir keine Geheimnisse mehr _____ .

verraten

6. dass ich heute alle deine Noten _____ .

Du _____ die Noten schon noch früh genug _____ . Es gibt ja bald Zeugnisse.

erfahren

7. dass du das Geld, das du ge-funden hast, nicht einfach _____ und ausgibst.

Ich _____ ja nur einen Teil _____ , den Rest spende ich.

behalten

8. dass du die Tür _____ , wenn du gehst.

Ich _____ die Tür doch immer _____ , wenn ich gehe.

abschließen

9. dass du dich im Café Hörmann um einen Job _____

Ich _____ mich aber lieber woanders _____ .

bewerben

10. dass du die Pralinen nicht allein _____ .

Aber die haben wir doch schon zusammen _____ .

aufessen
Partizip Perfekt

11. dass du das Buch ganz schnell _____ .

Ich _____ es heute Abend _____ und bringe es morgen in die Bibliothek zurück.

auslesen

12. dass du mit mir _____ , was du auf die Party anziehst.

Das _____ ich aber lieber mit meiner Freundin _____ .

besprechen

6. Kinderfotos

Was sehen Sie auf den Bildern? Ordnen Sie zu.

Sie waren auf einer Ausstellung und erzählen zu Hause von den Kinderfotos, die Ihnen so gut gefallen haben:

1. frierende Kinder
2. lachende Kinder ☐

a.   b.

3. schlafende Kinder ☐
4. schreiende Kinder ☐

a.   b.

5. schwitzende Kinder ☐
6. singende Kinder ☐

a.   b.

7. zitternde Kinder ☐
8. spielende Kinder ☐

a.   b.

9. tanzende Kinder ☐
10. weinende Kinder ☐

a.   b.

7. Ratschläge für Jugendliche

Was passt zusammen? Wählen Sie eine Antwort aus und bilden Sie einen Satz mit *um ... zu*.

Jugendliche fragen:

Sie antworten:

0. Wozu soll ich denn ein Jahr ins Ausland gehen?

1. Wozu soll ich denn ganz allein in Urlaub fahren?

2. Wozu soll ich denn Zeitung lesen?

3. Wozu soll ich denn Deutsch lernen?

4. Wozu soll ich denn regelmäßig Vitamintabletten nehmen?

5. Wozu soll ich denn Müll trennen?

6. Wozu brauche ich einen Freund / eine Freundin?

7. Wozu soll ich zwei Wochen lang Diät machen?

8. Wozu soll ich denn bei einem Tanzprojekt mitmachen?

9. Wozu soll ich denn ein soziales Jahr machen?

10. Wozu soll ich denn nach Cambridge gehen?

a. *Um über fremde Kulturen und über dich selbst mehr zu erfahren.*

b. Englisch lernen

c. etwas für die Gesundheit tun

d. besser informiert sein

e. einmal wirklich nur das tun, was du willst

f. drei Kilo abnehmen

g. durch Musik und Bewegung entspannter werden

h. sensibler werden und auf Menschen besser eingehen können

i. ein interessantes Land kennenlernen und später im Beruf mehr Chancen haben

j. die Umwelt weniger belasten

k. gemeinsam schöne, normale und verrückte Dinge tun

Aber vielleicht fragen sich Jugendliche auch:

l. *Um andere (Eltern, Freunde, ...) zufriedenzustellen.*

11. Warum soll ich eigentlich immer machen, was andere sagen?

m. nicht wieder dieselben Fehler machen, die andere schon gemacht haben

n. Zeit und Energie zu sparen

o. nie aus eigenen Fehlern lernen ☺

0	1	2	3	4	5	6	7	8	9	10	11
a											

☺ ironisch

Zusatzübung: Fallen Ihnen noch andere Fragen und Antworten ein?

8. Habe ich dir das schon erzählt?

Ergänzen Sie in den Perfekt-Sätzen *sein* + Partizip.

1. Karin und Klaus _sind_ zum ersten Mal gemeinsam _verreist_ (verreisen). Allerdings _____ Karin nach Paris _____ (a. fliegen) und Klaus, der Flugangst hat, _____ mit dem Zug _____ (b. fahren). Und weißt du was? Klaus war vor Karin in Paris, denn sein Zug _____ pünktlich _____ (c. ankommen), während Karins Flugzeug mit acht Stunden Verspätung in Paris _____ _____ (d. landen).

2. Am Wochenende _____ wir doch nicht auf den Engelberg _____ (a. steigen), sondern am Vierwaldstätter See _____ (b. spazieren gehen). Aber ich habe gehört, ihr _____ fünf Stunden _____ (c. wandern) und dein Mann _____ sogar noch 200 Meter auf einen Fels _____ (d. hochklettern).

3. Sebastian _____ _____ (a. umziehen). Er hat jetzt eine neue Adresse. Lange hat es gedauert, bis er mit 24 Jahren endlich bei seiner Freundin _____ _____ (b. einziehen). Wusstest du, dass meine Schwester und ich bereits mit 18 und 19 bei unseren Eltern _____ (c. ausziehen) und mit Freunden _____ _____ (d. zusammenziehen)?

4. Im Urlaub _____ wir jeden Tag fünf Kilometer am Stand entlang _____ (a. rennen). Danach _____ wir noch eine Stunde durch den Wald _____ (b. laufen) und dabei auch über Holzstämme _____ (c. springen). – Was? Und das nennst du Urlaub?

5. Heute Morgen _____ unser Bus im Stau _____ (a. stehen), es ging nur langsam vorwärts. Aber plötzlich musste der Bus scharf bremsen. Ich _____ zum Glück _____ (b. stehen bleiben), weil ich mich im Bus immer gut festhalte. Aber meine Einkaufstüte _____ natürlich _____ (c. umfallen), dabei _____ eine Milchflasche _____ (d. kaputtgehen).

6. Wir haben uns gestern auf dem Weg nach Hause total verfahren, obwohl du uns den Rückweg genau beschrieben hast. An der ersten Kreuzung _____ wir links _____ (a. abbiegen) und dann den Schildern „Richtung Innenstadt" _____ (b. folgen). Aber komischerweise _____ wir dann irgendwann auf der Autobahn _____ (c. landen). An der ersten Ausfahrt _____ Sylvia natürlich sofort wieder _____ (d. abfahren). Aber von dort _____ wir nur mit Hilfe eines netten Taxifahrers nach Hause _____ (e. kommen).

7. Letzten Mittwoch _____ ich in der Stadt zufällig deinem Sohn _____ (a. begegnen). Der _____ vielleicht _____ (b. wachsen), seit ich ihn das letzte Mal gesehen habe. – Was? Mein Sohn war in der Stadt? Ach ja, das war der Tag, an dem er mit Freunden abends _____ _____ (c. ausgehen).

8. Letzten Montag, als du geschäftlich _____ _____ (a. verreisen), hatte ich doch Besuch aus Brasilien. Der Besuch war vielleicht anstrengend! Den ganzen Tag _____ wir durch die Stadt _____ (b. laufen) und abends _____ sie nie ohne mich _____ (c. weggehen). Eigentlich wäre ich gern mal einen Abend allein zu Hause _____ (d. bleiben).

9. Höfliche Bitten eines Gastes

Ergänzen Sie das Verb im Konjunktiv II. In manchen Sätzen ist auch die Ersatzform *würde* + Infinitiv möglich.

0. _Könnte_ ich bitte statt Sekt ein Glas Orangensaft _haben_?
   (haben können)

   Gerne.

1. Ich _____ gern noch ein bisschen Brot _____.
   (haben)

   Einen Moment, bitte.

2. _____ ich mal Ihre Toilette _____?
   (benutzen dürfen)

   Natürlich, im Flur die erste Tür rechts.

3. _____ Sie mir bitte Ihre Visitenkarte _____?
   (geben können)

   Tut mir leid, ich besitze gar keine.

4. _____ du mir bitte ein Taxi _____?
   (rufen können)

   Weißt du die Telefonnummer auswendig?

5. Ich _____ gerne mal auf deinen Balkon _____.
   Geht das?
   (gehen)

   Kein Problem.

6. _____ mein Sohn bitte ein Glas Milch _____?
   (bekommen können)

   Na klar.

7. Ich _____ gern neben der Schauspielerin _____.
   (sitzen)

   Ich frag mal, ob sie was dagegen hat.

8. Es _____ schön, wenn Sie uns auch mal _____
   _____.
   (sein – besuchen)

   Wir kommen gerne.

9. Ich _____ nicht unhöflich sein, aber _____ ich
   meine Schuhe _____?
   (mögen – ausziehen können)

   Natürlich. Möchtest du Hausschuhe?

10. Wir _____ es toll _____, wenn Sie bei unserer
    Weihnachtsfeier dabei _____ _____.
    (finden – sein können)

    Ich komme gerne.

10. Was Jugendliche sich wünschen

Bilden Sie aus den einzelnen Wörtern einen Satz.

In einer Umfrage wurden Jugendliche befragt, was sie sich wünschen.

0. Ich _würde gern mal meine Tante in Österreich besuchen._ .
   Da ich in der Mongolei wohne, sehe ich sie fast nie.
   besuchen Tante gern mal meine Österreich würde in

1. Ich _____ und mich auch so verrückt kleiden.
   aussehen ein gern japanischer Jugendlicher mal wie würde

2. Ich _____ .
   essen gehen gern mal mit „Tokio Hotel" würde

3. Ich _____ ,
   wenn eines der großen Hollywood-Studios einen Film dreht.
   als dabei gern mal Statist wäre

4. Ich _____ ,
   die alle weit voneinander entfernt wohnen.
   alten gern Freunde mal meine wiedersehen würde

5. Ich _____ .
   eine Freundin gern machen mal meiner mit Weltreise würde

6. Meine Freunde und ich sind große FC Bayern-Fans und deswegen
   _____ .
   bei dabei einem gern großen live mal sein Spiel wir würden

7. Ich _____ .
   Auto coolen eine einem gern in kleine mal Tour unternehmen würde

8. Ich _____ , den es auf der Welt gibt.
   besten Computer den gern hätte schnellsten und

11. Was würden Sie tun, wenn ...?

Ergänzen Sie die Verben im Konjunktiv II.

0. Wenn ich ein Jahr in der Antarktis leben _müsste_, ...	bekommen
1. Wenn ich ohne Handy leben _____, ...	haben
2. Wenn ich mühelos Sprachen lernen _____, ...	können
3. Wenn ich auf alle Fragen eine Antwort _____, ...	landen
4. Wenn ich Flugangst _____, ...	~~müssen~~
5. Wenn ich heute 1000 Euro geschenkt _____, ...	müssen
6. Wenn ich als Zeitreisender im Jahr 1988 in Ost-Berlin _____, ...	wissen

Zusatzübung: Schreiben Sie die Sätze zu Ende.

12 Freundinnen

Antworten Sie mit den Modalverben *dürfen, können, wollen* im Perfekt.

Zwei Freundinnen unterhalten sich:

0. Im Sommer *fahre* ich zwei Monate *weg*.

Wie schön, ich habe noch nie zwei Monate *wegfahren können.*

1. Hättest du Lust, mit uns *die Star-Wars®-Trilogie anzusehen*?

Gern, als Kind habe ich nämlich nie _____
_____.

2. Kannst du dir gut *Telefonnummern merken*?

Ich habe mir noch nie gut _____
_____.

3. Du, ich *fliege* morgen *nach New York*.

Ich habe auch schon immer mal _____
_____.

4. Am Samstag haben wir *Anna Netrebko live singen hören*.

Wahnsinn! Ich habe auch schon immer mal
_____.

5. Seit zwei Wochen *habe* ich *ein Haustier*, ein kleines Kaninchen.

Ich habe früher nie _____,
weil meine Schwester Allergikerin ist.

6. Morgen werde ich mich mal *von meiner Familie verwöhnen lassen*.

Ich habe mich auch schon immer mal
_____.

7. Ich *feiere* dieses Jahr *meinen Geburtstag im Schlosshotel*.

Toll! Ich habe auch schon immer mal ____
_____.

8. Stell dir vor, ich *lerne* gerade *jonglieren*.

Ich habe auch schon immer mal _____
_____.

9. Vielleicht sollte ich nicht *mehrere Dinge gleichzeitig tun*.

Ich habe auch noch nie
_____.

Zusatzübung: Und wie ist es bei Ihnen? Ergänzen Sie die Sätze.
Ich habe schon immer mal ...
Als Kind habe ich nie ...
Ich habe noch nie ...

13 **Weißt du, was mir beinahe passiert wäre?**

Ergänzen Sie in der vorgegebenen Reihenfolge den Konjunktiv II der Vergangenheit:
hätte/wäre + Partizip Perfekt.

Erzählen Sie Ihrem Freund / Ihrer Freundin, was Ihnen fast passiert wäre:

0. Beinahe *wäre* ich durch die Fahrprüfung *gefallen*, | fallen
   weil ich so schlecht rückwärts eingeparkt habe. Dann
   hätte ich wieder fünf Fahrstunden *nehmen müssen*. | nehmen müssen

1. Beinahe _____ ich im Lotto eine Million _____, | gewinnen
   wenn auch die letzten beiden Zahlen _____ _____ | richtig sein
   _____.

2. Beinahe _____ ich bei Rot über die Ampel _____. | fahren
   Dafür _____ mir der Führerschein _____ | abgenommen werden können
   _____ _____.

3. Beinahe _____ ich den Bus _____. Dann wäre ich | verpassen
   zu spät ins Theater _____ und die Vorführung | kommen
   _____ schon _____. | beginnen

4. Beinahe _____ ich mit dem Fahrrad _____, weil die | stürzen
   Straße so glatt war. Ich hatte Glück, denn ich _____ | brechen können
   mir dabei sämtliche Knochen _____ _____.

5. Beinahe _____ ich den Geburtstag meiner Kollegin, | vergessen
   _____. Das _____ sie mir nie _____. | verzeihen

6. Beinahe _____ ich im Bus meine Handtasche _____ | liegen lassen
   _____. Dann _____ ich keine Papiere, keine | haben
   Schlüssel und kein Geld mehr _____. Mein Handy
   _____ auch _____ _____. | weg sein

7. Beinahe _____ ich eine günstige Wohnung _____. | finden
   Dann _____ ich sofort bei meinen Eltern _____. | ausziehen

C. Lernen & Beruf

C

1. Originelle Ausreden und ehrliche Antworten

A. Ergänzen Sie die Verben im Perfekt.

Originelle Ausreden: Ich konnte leider nicht pünktlich sein, ...

0. weil meine Computer-Maus Junge[1] *bekommen hat.*		bekommen
1. weil wegen der Kälte unsere Haustür _____ ____ und ich durchs Fenster rausmusste.		zufrieren
2. weil aus der Dusche kaum Wasser _____ ____.		kommen
3. weil ich eine Oma unter meinem Regenschirm nach Hause _____ ____.		begleiten
4. weil ich am Honigbrot kleben _____ ____.		bleiben
5. weil ich vom Fußballspielen _____ _____ und es eine Verlängerung[2] _____ ____.		träumen
		geben

B. Ergänzen Sie die Verben im Imperfekt.

geben • gehen • ~~haben~~ • kommen • liegen • sein

„Faule" Ausreden: Ich konnte leider nicht pünktlich sein, ...

0. weil der Bus Verspätung *hatte* .
6. weil der Wecker nicht _____.
7. weil mir heute morgen schlecht _____.
8. weil die U-Bahn nicht _____.
9. weil auf den Straßen zu viel Schnee _____.
10. weil es keinen funktionierenden Fahrkarten-Automaten _____.

C. Ergänzen Sie die Verben im Perfekt.

fernsehen • gehen • ~~losfahren~~ • schlafen • vergessen • zurückkommen

Ehrliche Antworten: Ich konnte leider nicht pünktlich sein, ...

0. weil ich zu spät *losgefahren bin* .
11. weil ich heute Morgen zu lange _____ _____.
12. weil ich gestern zu lange _____ _____.
13. weil ich gestern erst aus dem Urlaub _____ _____.
14. weil ich _____ _____, den Wecker zu stellen.
15. weil ich heute Morgen noch mit Freunden frühstücken _____ _____.

_____

Zusatzübung: Und welche Ausreden haben Sie, wenn Sie zu spät kommen?

_____

[1] Junge bekommen = wenn Tiere „Babys" bekommen   [2] verlängerte Spielzeit nach 90 Minuten

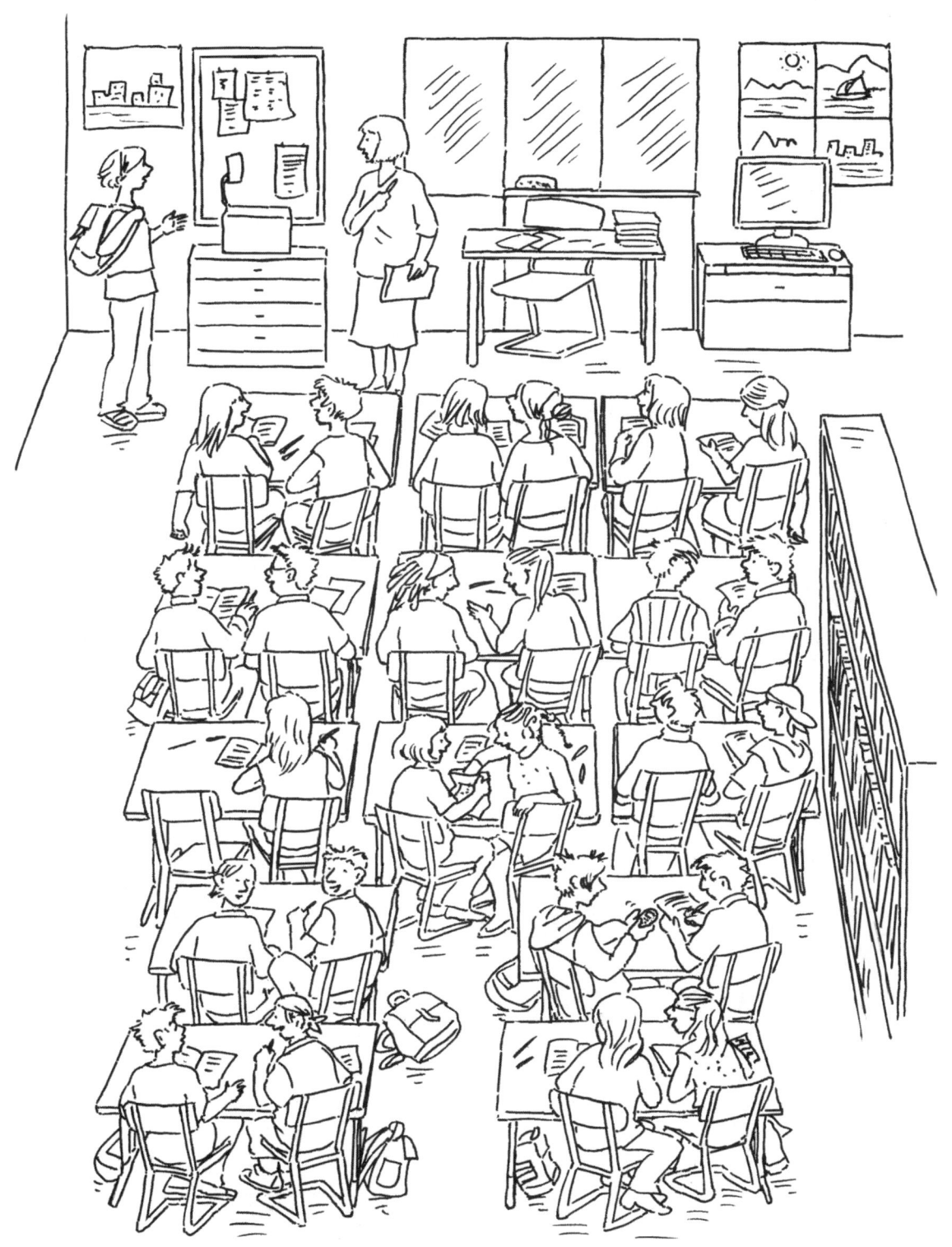

2. Wenn das Wörtchen *wenn* nicht wäre

Ergänzen Sie die Verben im Konjunktiv II der Vergangenheit: *hätte/wäre* + Partizip Perfekt.

Warum hast du die Prüfung nicht bestanden?

0. haben

Wenn ich in der Prüfung mehr Zeit *gehabt hätte* , dann ...

1. lernen

Wenn ich vorher mit jemandem _____ ,

2. sein

Wenn die Prüfung leichter _____ ,

3. trinken

Wenn ich während der Prüfung mehr _____ ,

4. gehen

Wenn ich während der Prüfung nicht dauernd auf die Toilette

_____ ,

5. haben

Wenn ich das richtige Buch zum Lernen _____ ,

6. dauern

Wenn die Prüfung eine Stunde länger _____ ,

7. geben

Wenn unser Professor mir mehr Tipps _____ ,

8. gehen

Wenn ich am Tag davor nicht so spät ins Bett _____ ,

9. sitzen

Wenn ich neben meiner Freundin _____ ,

10. konzentrieren

Wenn ich mich besser _____ ,

11. vorbereiten

Wenn der Lehrer uns besser auf die Aufgaben _____ ,

dann hätte ich die Prüfung *sicher / wahrscheinlich / vielleicht* bestanden.

3. Am Telefon

Was passt zusammen? Ordnen Sie zu.

0. Was kann ich für Sie tun?

1. Kannst du vielleicht später noch mal anrufen?

2. Ich kann Sie nur schwer verstehen.

3. Könnten Sie bitte einen Moment warten?

4. Kann ich Sie gleich zurückrufen?

5. Ich kann Ihnen leider nicht sagen, wann Herr Pfister wieder erreichbar ist.

6. Ich kann jetzt nicht sprechen.

7. Können Sie mich bitte mit Frau Jonas verbinden?

8. Das Gespräch ist leider unterbrochen worden. Was hast du gerade gesagt?

a. Ich bräuchte eine Information.

b. Kein Problem, wie lange wird es denn dauern?

c. Natürlich, wann passt es dir denn am besten?

d. Warum nicht? Ist dein Chef etwa in der Nähe?

e. Könnten Sie ihm bitte ausrichten, dass er mich dringend zurückrufen soll?

f. Was hast du denn zuletzt gehört?

g. Einen Moment bitte, ich verbinde.

h. Tut mir leid, das liegt an meinem Handy. Ich wiederhole gern alles.

i. Gern, ich gebe Ihnen meine Handy-Nummer: 0179...

0	1	2	3	4	5	6	7	8
a								

4. Wenn Sprachenlernen leicht wäre

Was passt? Ergänzen Sie die Verben.

gäbe • wäre

0. Dann _gäbe_ es nicht nur Englisch als Lingua franca und die Geschäftswelt _wäre_ vielsprachiger.

hätte entschieden • würden sprechen

1. Dann _____ ich mich schon viel früher _____, eine neue Sprache zu lernen.

2. Dann _____ viel mehr Menschen in der Welt mehrere Sprachen _____.

könnte • würden reisen

3. Dann _____ ich jetzt schon fünf Fremdsprachen _____.

4. Dann _____ mehr Leute in fremde Länder _____.

müsste bekommen • hätten

5. Dann _____ die Fremdsprachen in den Schulen und Universitäten mehr Zulauf _____.

6. Dann _____ niemand mehr schlechte Noten in den Fremdsprachen _____.

würden verkauft werden • käme

7. Dann _____ es seltener zu Missverständnissen zwischen Menschen verschiedener Kulturen _____ _____.

8. Dann _____ weniger Übungsbücher und andere Lern-Materialien _____ _____.

_____

Zusatzübung: Welche Sätze stimmen für SIE persönlich? Vielleicht fallen Ihnen noch weitere *dann*-Sätze ein.

5. Tipps zum Sprachenlernen

Bilden Sie aus den *dass*-Sätzen Infinitiv-Konstruktionen.

Ein paar Tipps, um mit Erfolg Deutsch zu lernen:

0. Ich kann Ihnen nur empfehlen, *einen Sprachkurs **zu** besuchen.* _____ .
   dass Sie einen Sprachkurs besuchen.

1. Schließlich geht es darum, _____ .
   dass man gezielt an die Sprache herangeführt wird.

2. Für den Lernerfolg ist es nützlich, _____ .
   dass man einen längeren Aufenthalt in einem deutschsprachigen Land einplant.

3. Vor Ort sollte man versuchen, _____ .
   dass man deutschsprachige Freunde findet.

4. Persönliche Kontakte helfen, _____ .
   dass man einen Bezug zur Sprache bekommt.

5. Also, gehen Sie auf Leute zu und sprechen Sie mit ihnen, anstatt _____

   _____ .
   dass Sie aus Angst vor Fehlern nichts sagen.

6. Versuchen Sie zunächst, _____ .
   dass Sie nicht zu komplizierte Sätze bilden.

7. Regelmäßiges Lesen in der Fremdsprache ist auch eine gute Möglichkeit, _____

   _____ .
   dass man sich sprachlich verbessert.

8. Lesen Sie deutsche Texte, ohne _____ .
   dass Sie jedes unbekannte Wort im Wörterbuch nachschlagen.

9. Vielleicht fangen Sie auch irgendwann an, _____ .
   dass Sie in der Fremdsprache träumen.

10. Versprechen Sie uns, _____ .
    dass Sie bei den ersten Schwierigkeiten nicht gleich aufgeben.

... oder gehen Sie auf die Internet-Seite: www.hueber.de

6. Studentenglück und -sorgen

Wie heißt der Infinitiv der unterstrichenen Verben im Partizip Perfekt?

1. Zum Glück ist es mir gelungen, einen Platz im Studentenwohnheim
zu bekommen. Ich habe das Zimmer im Losverfahren gewonnen.

   gelingen
   _____

2. Ich habe gehört, Olgas Studien-Aufenthalt in Deutschland ist
gefährdet, weil ihr das Stipendium gestrichen wurde. Weißt du,
was da geschehen ist?

   _____
   _____

3. Der einjährige Studienaufenthalt in Südamerika wurde unserem
Doktoranden nicht genehmigt. Anscheinend haben seine Zeugnisse
den hohen Anforderungen nicht genügt.

   _____
   _____

4. Es hat lange gedauert, bis ich mich an das Leben im Studenten-
wohnheim gewöhnt habe. Dabei hat mir besonders geholfen, dass
ich mein Zimmer sehr persönlich gestaltet habe.

   _____
   _____

5. Heute Nacht hat es heftig gewittert und es wurde so kalt, dass das
Regenwasser auf den Straßen gefroren ist. Deswegen habe ich zwei
Vorlesungen verpasst.

   _____
   _____

6. Florian hat es schon immer genossen, im Mittelpunkt zu stehen.
Deswegen ist er Studentensprecher geworden. In einem Gespräch hat
er mir mal gestanden, dass er davon träumt, Minister zu werden.

   _____
   _____

7. Eine Universitätskarriere

Ergänzen Sie das passende Verb im Infinitiv oder Partizip Perfekt.

> emeritieren • exmatrikulieren • habilitieren • immatrikulieren
> promovieren • studieren

0. Im Abitur hat sie Physik mit der Note „sehr gut" abgeschlossen. Deswegen hat sie sich
entschieden, Physik zu _studieren_ .

1. Sie hat sich an einer Elite-Universität _____, obwohl dort die Studien-
gebühren sehr hoch waren.

2. Nach einem Jahr wäre sie fast _____ worden, weil sie eine wichtige
Prüfung erst beim zweiten Mal bestanden hat.

3. Nach dieser Prüfung hätte niemand geglaubt, dass sie in Physik noch _____ würde.

4. Als jüngste Doktorin der Physik bot der Professor ihr sofort eine Postdoc-Stelle an.
Damit war klar, dass sie sich auch _____ würde.

5. Heute ist sie 68 Jahre alt und bereits seit 3 Jahren _____, aber auf
Fachkonferenzen ist sie immer noch gefragt.

8. Probleme mit dem Computer

Ergänzen Sie das Verb im Präsens oder Partizip Perfekt.

Was ist denn los? Können wir dir helfen?

0. Mein Computer ist _abgestürzt_ (abstürzen), nichts geht mehr.

Hast du vor Kurzem neue Software _installiert_ (installieren)?

---

1. Der Computer hat meine Datei _____ (löschen).

Du hast die Datei wahrscheinlich nicht _____ (speichern), außerdem hast du aus Versehen auf „Nein" _____ (klicken), als der Computer nachgefragt hat, ob du die Datei speichern willst.

---

2. Ich habe eigentlich drei Dateien an die E-Mail _____ (anhängen), aber sie sind nicht angekommen.

Vielleicht waren deine Dateien zu groß und du hast dein E-Mail-Programm zu früh _____ (schließen).

---

3. Ich habe im Text Ergänzungen _____ (eingeben), dabei ist der alte Text verschwunden.

Dein Text wurde _____ (überschreiben), weil du versehentlich im Insert- bzw. Überschreib-Modus gearbeitet hast.

---

4. Ich habe mein Passwort _____ (eintippen), aber ich komme einfach nicht ins System.

Wahrscheinlich war „caps lock" bzw. die „Hochstell-Taste" _____ (aktivieren), dann wird alles automatisch groß _____ (schreiben).

---

5. Mein Server wurde ohne Vorwarnung einfach _____ (runterfahren).

Wahrscheinlich haben zu viele gleichzeitig _____ (surfen) und große Dateien _____ (downloaden).

---

6. Mir hat jemand ein Dokument _____ (schicken), das ich nicht lesen kann, weil es nur ganz klein auf dem Bildschirm erscheint.

Wenn du die Taste „ctrl" bzw. „Strg" _____ (drücken) hältst, dann kannst du mit dem Mausrad den Text am Bildschirm verkleinern oder vergrößern.

---

7. Wie _____ (blättern) ich schnell durch große Dokumente?

Ich _____ (scrollen) mit dem Mausrad durch die Datei.

C

9. Routinearbeiten in der Firma

Bilden Sie Passiv-Sätze mit *müssen*.

Drei neue Hilfskräfte werden am ersten Tag von der Assistentin des Chefs in ihre neue Tätigkeit eingeführt.

Montag	0. für die Morgenbesprechung Brezeln besorgen	*Montags müssen für die Morgen- besprechung Brezeln besorgt werden.*
	1. alle Dokumente für die Besprechung kopieren	Außerdem _____
	2. während der Besprechung den Telefondienst übernehmen	Schließlich _____
Dienstag	3. am Computer den Wochenarbeitsplan erstellen	Dienstags _____
Mittwoch	4. Sicherungskopien am Computer machen	Mittwochs _____
Donnerstag	5. beim Versand aushelfen	Donnerstags _____
Freitag	6. die Materialien für Montag zusammenstellen	Freitags _____
	7. die Espresso-Maschine reinigen	Dann _____
täglich		Folgendes muss täglich erledigt werden:
	8. den Papiervorrat im Kopiergerät überprüfen	Erstens _____
	9. die Post sortieren und verteilen	Zweitens _____
	10. eine Zusammenfassung zu aktu- ellen Berichten und Artikeln im Intranet schreiben	Drittens _____
	11. Rechnungseingänge kontrollieren	Viertens _____
	12. allgemeine E-Mail-Anfragen beantworten	Fünftens _____
	13. Kunden empfangen und betreuen	Sechstens _____

10 ▸ Firmen-Jubiläum

Ergänzen Sie die indirekte Rede, verwenden Sie Konjunktiv-Formen.

Eine Arbeitskollegin unterhält sich mit Ihnen über das Firmen-Jubiläum.
Antworten Sie auf die Fragen Ihrer Kollegin.

0. Sind alle Mitarbeiter zur Jubiläumsfeier
   eingeladen?   *(alle sind eingeladen)*

Es heißt, *alle wären / seien eingeladen.*

1. Wie viele kommen denn?
   (fast alle kommen)

Ich habe gehört, _____
_____.

2. Wo findet das Fest überhaupt statt?
   (es findet im Hilton statt)

In der Einladung steht, _____
_____.

3. Was gibt es zu essen?
   (es gibt ein großes Büffet)

Frau Gut meint, _____
_____.

4. Wie muss man sich anziehen?
   *(man braucht nicht im Abendkleid
   zu kommen)*

Man hat uns gesagt, _____
_____.

5. Gibt es Musik?
   (die „Rocking Boyz" spielen)

Mir wurde erzählt, _____
_____.

6. Hoffentlich muss ich nicht mit dem Chef
   tanzen.   *(niemand muss mit ihm tanzen)*

Keine Angst, der Chef hat bereits
mehrfach betont, _____
_____.

7. Hält jemand eine Rede?
   (der Juniorchef will eine Ansprache halten)

Es heißt, _____
_____.

8. Ist ein gemeinsames Geschenk für den Chef
   geplant?   *(sie kann sich darum kümmern)*

Frau Gut hat gemeint, _____
_____.

11 Chaos im Büro

Welches Verb passt? Ergänzen Sie das Verb im Futur I oder Futur II.

> ausräumen • ausleihen • da sein • ~~legen~~ • haben • liegen • mitnehmen • sitzen
> stecken • stehen • wischen

Heute finden Sie nichts und niemanden.

„Wo ist/sind denn bloß wieder ...?"

Ihr Arbeitskollege hilft weiter:

0. ... die Handtücher?

Die Putzfrau _wird_ sie wie immer in den Schrank gelegt _gelegt haben_. *(Futur II)*

1. ... die Kaffeetassen?

Die Spülmaschine _____ noch nicht _____ ____.

2. ... die Post?

Die _____ noch gar nicht _____. Der Postbote kommt doch erst gegen zehn.

3. ... die Praktikanten?

Die _____ heute ihren freien Tag _____, sonst wären sie schon längst da.

4. ... die Putzfrau?

Die _____ noch im ersten Stock die Treppe _____. Was willst du denn von ihr?

5. ... die Schere?

Die _____ sich wahrscheinlich jemand _____ _____. Aber nimm doch meine.

6. ... Herr Bauer?

Der _____ schon wieder in der Kantine _____ und Kaffee trinken. Du kennst ihn ja.

7. ... mein Computer-Handbuch?

Das _____ sicher rechts im Regal _____. Da habe ich es zuletzt gesehen.

8. ... mein blauer Kugelschreiber?

Der _____ sicher irgendwo auf dem Schreibtisch _____. Schau mal unter den Papieren nach.

9. ... mein Handy?

Das _____ vielleicht noch in deiner Handtasche _____. Ruf dich doch selber an, dann weißt du, wo es liegt.

10. ... die Akten von der gestrigen Besprechung?

Die _____ doch hoffentlich niemand _____ _____, sonst gibt es Ärger!

12 Bürogespräche

A. Was passt zusammen? Ordnen Sie zu: Sätze (0-6) und (a-g) bzw. Sätze (7-14) und (h-o).

0. Bei Ihnen im Zimmer ist es ja eiskalt!

1. Bitte *behandeln Sie* alle Mitarbeiter gleich, ...

2. Bitte *erinnern Sie mich* morgen an den Termin um 14:30 Uhr.

3. Den Brief kann man so noch nicht abschicken.

4. Der Drucker geht manchmal nicht.

5. Ich müsste mich bei der Firma Kull & Bautinger melden.

6. Ich möchte mir ein neues Handy kaufen.

a. *Machen Sie* doch bitte das Fenster *zu*.

b. *Beraten Sie* mich bitte.

c. Bitte *verwenden Sie* zum Drucken nur dünnes Papier.

d. Da muss ich einen wichtigen Kunden empfangen.

e. ... denn das ist ein wichtiger Bestandteil unserer Firmenphilosophie.

f. Bitte *rufen Sie* für mich dort *an*.

g. *Verbessern Sie* ihn bitte noch mal.

7. Ich sehe, Sie trinken gerade einen Espresso.

8. Ihr Papierkorb quillt ja schon über!

9. In Ihrem Büro findet man ja überhaupt nichts mehr!

10. In Ihrem Zimmer ist es ja viel zu dunkel!

11. Morgen kommt der Chef zu unserer Besprechung.

12. *Nehmen Sie* bitte Platz.

13. Wie sieht denn Ihre Computer-Tastatur aus?

14. Wir haben heute neue Software installiert.

h. *Leeren Sie* ihn doch mal *aus*.

i. Unser Gespräch wird sicher etwas länger dauern.

j. Bitte *seien Sie* deshalb alle pünktlich.

k. *Machen Sie* mir bitte auch einen.

l. *Probieren Sie* sie mal *aus* und *erklären Sie* den Kollegen dann die wichtigsten Funktionen.

m. *Räumen Sie* doch bitte mal *auf*.

n. *Wechseln Sie* doch endlich die defekte Glühbirne *aus*.

o. *Reinigen Sie* die Tasten mal mit einem feuchten Tuch.

0	1	2	3	4	5	6	7	8	9	10	11	12	13	14
a														

B. Ersetzen Sie den Imperativ (in *kursiv*) durch den Konjunktiv II: *könnte* oder *würde*.

0. Bei Ihnen im Zimmer ist es ja eiskalt! *Könnten/Würden* Sie bitte das Fenster *zumachen*?

C. Sie duzen Ihre Arbeitskollegin. Ergänzen Sie den Imperativ in der *du*-Form.

0. Bei *dir* im Zimmer ist es ja eiskalt! *Mach* doch bitte das Fenster *zu*.

13 Fremdwörter auf *-ieren*

Was passt? Ersetzen Sie das Partizip Perfekt durch eines der Synonyme (a-k.)

Fragen des Chefs an seine Assistentin: Haben Sie ...?

0. Haben Sie alles Wichtige für die Sitzung morgen
   notiert / *aufgeschrieben* ?

1. Haben Sie das Budget für die Marketing-Abteilung
   neu *kalkuliert* / _____?

2. Haben Sie alle Kollegen in der Abteilung *informiert* /
   _____?

3. Haben Sie die fehlerhaften Buchungen *korrigiert* /
   _____?

4. Haben Sie den Inhalt des gestrigen Telefongesprächs
   mit Herrn Dr. Wenger *dokumentiert* /
   _____?

5. Haben Sie alles für den morgigen Empfang der Gäste
   arrangiert / _____?

6. Haben Sie genügend Getränke *organisiert* /
   _____?

7. Haben Sie den bestellten Wein *probiert* / _____?

8. Haben Sie meine Flugbuchung nach Zürich *storniert* /
   _____?

9. Haben Sie die vertraulichen Unterlagen unseres
   Anwalts im Safe *deponiert* / _____?

10. Haben Sie Ihre Urlaubstage im Kalender *markiert* /
    _____?

a. anstreichen

b. aufbewahren

c. aufschreiben

d. berechnen

e. berichtigen

f. besorgen

g. in Kenntnis setzen

h. kosten

i. rückgängig machen

j. schriftlich festhalten

k. vorbereiten

14 Kündigen

Ergänzen Sie *kündigen* in der angegebenen Verbform.

0.	*Futur I*	Ich *werde* nächste Woche *kündigen*, weil ich mich mit meiner Vorgesetzten überhaupt nicht verstehe.
1.	*Konjunktiv II Vergangenheit*	_____ sein Chef ihm fristlos _____, wäre er vor Gericht gegangen.
2.	*Partizip Perfekt als Adjektiv*	Als _____ Arbeitnehmer hat man wenig Chancen auf dem Arbeitsmarkt.
3.	*Infinitiv*	Du solltest erst _____, wenn du eine neue Stelle gefunden hast.
4.	*Passiv Präsens*	Aber ich will vermeiden, dass mir zuerst _____ _____.
5.	*Präsens*	Die Firma baut massiv Stellen ab und _____ den meisten Mitarbeitern.
6.	*Imperativ*	_____ bloß nicht! Dann bekommst du nämlich kein Arbeitslosengeld.
7.	*Imperfekt*	Nach 20 erfolgreichen Jahren als Abteilungsleiter _____ er seine Stelle und wanderte nach Südamerika aus.
8.	*Konjunktiv II Gegenwart*	Wenn meine Chefin _____ _____, könnte ich wahrscheinlich ihre Stelle übernehmen.
9.	*Futur II*	Seit Februar haben wir unseren Kollegen nicht mehr im Büro gesehen. Er _____ doch nicht etwa _____ _____.
10.	*Passiv Imperfekt*	Vielleicht _____ ihm ja _____?
11.	*Konjunktiv I Vergangenheit*	Im Internet steht, der Vorsitzende von Airbus _____ überraschend _____.
12.	*Perfekt*	Gestern _____ ich _____.

15. Als Au-pair nach Deutschland

Im folgenden Brief sind 15 Fehler. Korrigieren Sie die Fehler (ein Fehler pro Zeile):

Falsche Verbform	durchstreichen und richtig an den Rand schreiben
Falsche Wortstellung	Wort einkreisen und Pfeil an die richtige Stelle
Fehlendes Verbteil	an den Rand schreiben und Pfeil an die richtige Stelle

Ein Au-pair-Mädchen schreibt zum ersten Mal an seine deutsche Gastfamilie.

Adriana Svetkova
Minsk, Weissrussland

Minsk, 12. Juni 2007

Liebe Familie Lindmann,

wie Sie schon wissen, ~~arbeitet~~ ich ab September bei Ihnen als Au-pair-   _arbeite_ 0.
Mädchen. Mit diesem Brief mag ich mich kurz bei Ihnen vorstellen.   _____ 1.

Mein Name ist Adriana S. Zusammen mit meinen Eltern und Geschwistern
wohnen ich in Minsk. Das liegt in Weißrussland.   _____ 2.

Ich bin 18 und habe noch zwei jüngere Brüder, auf die ich oft passe   _____ 3.
auf. Es ist also für mich nichts Neues, Verantwortung für kleine Kinder
überzunehmen.   _____ 4.

Ich freue mich schon darauf, mich um Ihre Kinder kümmern dürfen. Ich   _____ 5.
bin sicher, dass sie sind nicht so frech wie meine Brüder.   _____ 6.

Ich bin schon sehr neugierig, wie das Jahr in Berlin abgelaufen wird,   _____ 7.
und habe natürlich viele Fragen an Sie.

Ich habe vier Jahre Deutsch in der Schule lernen und habe das Niveau   _____ 8.
B2 erreicht. Ich mache aber noch einige Fehler – wie Sie sehen. In
Deutschland ich will meine Deutschkenntnisse verbessern. Deswegen   _____ 9.
wäre es schön, wenn ich neben der Arbeit noch genug Zeit für einen
Sprachkurs habe. Gibt es in Ihrer Nähe vielleicht eine gute   _____ 10.
Sprachenschule, die ich besuchen konnte?   _____ 11.

Die Agentur haben mich schon über Ihre Familie informiert. Alles, was   _____ 12.
man mir geschrieben hat, gefallen mir sehr gut.   _____ 13.

Bitte Sie beschreiben mir noch kurz den Tagesablauf Ihrer Familie. Dann   _____ 14.
kann ich mir schon etwas besser vorstellen, was mich erwarten.   _____ 15.

Ich freue mich auf mein Au-pair-Jahr in Ihrer Familie.

Herzliche Grüße
Adriana S.

D. Unterwegs

D

1. Postkarte aus dem Urlaub

Welche Verbform ist richtig: a oder b?

Salzburg, August 2007

Lieber Herr Schuster,

seit einer Woche 0 ich mit meiner Freundin durch
Europa. Die ersten vier Tage haben wir in der Schweiz
 1 und dann waren wir drei Tage in Österreich.
Morgen früh 2 es weiter nach Deutschland.

In der Schweiz 3 wir auf die Jungfrau[1] gefahren. Dort
oben haben wir uns in den Schnee 4 . Obwohl unsere
Füße und Hände dabei ganz kalt 5 , hat es viel Spaß
gemacht. In Salzburg und in Wien haben wir natürlich das
Mozarthaus 6 . Im Restaurant haben wir unseren ersten
Kaiserschmarren[2] gegessen. Er hat uns beiden wirklich
gut 7 .

Am Mittwoch sind wir dann in Berlin und freuen uns schon
auf das Abendessen mit Ihnen. Vielleicht können Sie uns
dann „Grüß Gott" erklären. Das 8 wir nicht. Herzliche
Grüße, Yumi und Asano

Herrn Schuster
Schöneberger Allee 234a
D – 10062 BERLIN

Deutschland

---

0. a. reisen
    b. reise

1.	a. verbringen	3.	a. haben	5.	a. worden	7.	a. geschmeckt
	b. verbracht		b. sind		b. wurden		b. gefallen
2.	a. geht	4.	a. gelegt	6.	a. ansehen	8.	a. kennen
	b. fährt		b. gelegen		b. besichtigt		b. können

---

[1] Berg in der Schweiz
[2] österreichische Süßspeise

2. Verkehrssünden

A. Bilden Sie Sätze im Futur mit *nie wieder* und *jetzt immer*.

Eine Polizistin stoppt Ihr Auto und kritisiert Ihr Verhalten:

Sie versprechen sofort, sich zu bessern:

0. Sie haben falsch geparkt.
   Sie sind nicht angeschnallt.

   Ich werde nie wieder falsch parken.
   Ich werde mich jetzt immer anschnallen.

1. Sie haben zu viel getrunken.

   _____

2. Sie sind zu schnell gefahren.

   _____

3. Sie haben beim Autofahren telefoniert.

   _____

4. Sie haben überholt, obwohl es verboten ist.

   _____ ,
   wenn es verboten ist.

5. Sie haben keine Parkgebühr bezahlt.

   _____

6. Sie sind bei Rot über die Ampel gefahren.

   _____

7. Sie haben nicht am Zebrastreifen angehalten, obwohl Fußgänger gewartet haben.

   _____ ,
   wenn Fußgänger warten.

B. Ergänzen Sie das passende Verb aus der Liste.

Ein Verkehrssünder könnte aber auch anders reagieren:

0. Bitte, _seien_ Sie doch so nett und vergessen Sie die Sache einfach.
8. _____ Sie nicht heute ein Auge zudrücken?
9. Das _____ ich nicht akzeptieren.
10. Das _____ bestimmt nie mehr vorkommen.
11. Das _____ ich so nicht in Ordnung.
12. Das habe ich doch nicht mit Absicht _____.
13. _____ mir leid.
14. Ich _____ doch nur schnell eine Brezel holen.
15. Kommen Sie, so schlimm _____ das doch gar nicht.
16. Sie _____ ja vollkommen Recht.

a. finde
b. getan
c. haben
d. ist
e. kann
f. Können
g. ~~seien~~
h. Tut
i. wird
j. wollte

C. Ordnen Sie die Redewendungen aus **B.** nach ihrer Bedeutung in die Tabelle ein.

sich entschuldigen	jemanden überreden wollen	sich unschuldig fühlen
Sätze	Sätze 0,	Sätze

3. Mit kleinen Kindern im Auto

Ergänzen Sie die fehlenden Verbformen an den richtigen Stellen.

Sie fahren mit den Kindern zu Oma und Opa. Die Fahrt dauert nur eine Stunde, aber eine Stunde kann lang werden ...

0. waren – wollten

waren   *wollten*
Zehn Minuten ▽ die Kinder ruhig, dann ▽ sie schon Kekse.

1. bekamen – hatten

Sie ihre Kekse und wir wieder zehn Minuten Ruhe.

2. musste finden – würde beschäftigen

Jetzt ich ein Spiel, das die Kinder noch einmal zehn Minuten.

3. geht – muss zählen

Das Autozähl-Spiel so, dass ein Kind rote und das andere blaue Autos.

4. waren zu sehen – verloren

Als kaum noch rote und blaue Autos, die Kinder die Lust.

5. konnten weiterfahren – verteilte

Damit wir weitere zehn Minuten ohne Geschrei und Streit, ich Malhefte und Buntstifte.

6. wurde – wollten hören

Leider das Malen den Kindern schon nach fünf Minuten langweilig und sie ihre Kassetten.

7. werden verstehen – sein können

Wir nie, wieso dieselben Kassetten jahrelang interessant.

4. Gut gemeinte Ratschläge

Ergänzen Sie das Verb im Futur.

Sie gehen auf Geschäftsreise. Ihr Mann/Ihre Frau gibt Ihnen gute Ratschläge:

Sie beruhigen ihn/sie und sagen: „Mach dir keine Sorgen! ..."

0. Fahr vorsichtig.

Ich werde bestimmt vorsichtig fahren.

1. Park dein Auto in der Hotelgarage.

2. Schließ im Hotel die Tür von innen ab und mach nachts niemandem auf.

3. Wechsle kein Geld auf der Straße.

4. Trink lieber keinen Alkohol.

5. Rauch nicht so viel.

6. Trag keine teure Uhr, wenn du auf den Markt gehst.

7. Geh abends nicht allein durch einsame Stadtviertel.

8. Lass dich von niemandem auf der Straße ansprechen.

9. Nimm ein Taxi, wenn es dunkel wird.

10. Ruf mich jeden Abend an.

5. Reiseplanung

Bringen Sie die Textabschnitte in eine sinnvolle Ordnung und ergänzen Sie das fehlende Verb.

gab • hatten • ist • können • waren • werden • ~~wird~~ • wissen • wollten

Wir freuen uns immer dann besonders auf den Urlaub, ...

7. ..., wenn das Wetter bei uns schlechter _wird_ .
Jedes Jahr brauchen wir einige Wochen, ...

4. ... und _____ nächstes Jahr sicher noch mal nach Elba fahren.

3. _____ wir sogar daran gedacht,
auf Balkonien (= zu Hause auf dem Balkon) Urlaub zu machen.
Ob es auf Balkonien genauso schön gewesen wäre wie auf Elba, ...

8. _____ es für uns beide nur noch ein Urlaubsziel: die Insel Elba.
Bevor wir uns endgültig für die Insel Elba entschieden haben, ...

2. ... und hatten dort die ganze Zeit nur schönes Wetter.
Also _____ wir auch dorthin. Aber mein Mann hat von einem Freund erfahren, ...

5. ..., dass es im August auf Sizilien viel zu heiß _____ .
Nachdem wir uns ausführlich informiert hatten, ...

6. _____ wir natürlich nicht. Das ist auch egal.
Wir hatten jedenfalls auf Elba eine tolle Zeit ...

1. ..., bis wir uns für ein Urlaubsziel entscheiden _____ .
Unsere Nachbarn _____ das Jahr zuvor auf Sizilien ...

Reihenfolge: 7

6. CarSharing [1]

Bilden Sie aus den einzelnen Satzteilen Passiv-Sätze mit Modalverb.

Wie man ein Auto bei *Mobility*®-CarSharing Schweiz ausleiht:

0. *Das Mobility®-Auto kann von Mitgliedern jederzeit ausgeliehen werden.*
   (ausleihen können) Das Mobility®-Auto – von Mitgliedern – jederzeit

1. _____
   (reservieren können) Das Mobility®-Auto – rund um die Uhr

2. _____
   (vornehmen können) Reservierungen – per Internet oder Telefon

3. _____
   (abholen können) Das reservierte Auto – direkt am gewünschten Standort

4. _____
   (halten müssen) Zum Öffnen des Autos – die Mobility®-Card - an die Windschutzscheibe

   Dort befindet sich der Mobility®-Checkpoint.

5. _____
   (nehmen müssen) Der Zündschlüssel – aus dem Handschuhfach

6. _____
   (starten können) Erst dann – das Auto

7. **Wenn die Fahrt beendet ist,** _____
   (parkieren[2] müssen) das Auto – wieder auf dem Mobility®-Parkplatz

8. _____
   (legen müssen) Der Zündschlüssel – wieder ins Handschuhfach

9. _____,
   (abschließen und abmelden müssen) Das Auto – am Mobility®-Checkpoint - mit der Mobility®-Card

Quelle: **Mobility**® CarSharing Schweiz

---

[1] *CarSharing* gibt es in vielen europäischen Ländern. Man kann Autos benutzen, ohne selbst ein Auto zu besitzen. Man zahlt einmalig eine Kaution und kann an verschiedenen Standorten in der Stadt große und kleine CarSharing-Autos finden und für wenige Minuten bis mehrere Stunden oder Tage mieten.

[2] schweiz. für parken

7. Gebote und Verbote

Bilden Sie verneinte Sätze mit *dürfen*.

Wissen Sie, was in fremden Ländern verboten ist? Hier finden Sie einige Beispiele, für die sie, wenn Sie Pech haben, sogar Strafe zahlen müssen:

0. In Italien *darf man keine Plagiate auf der Straße kaufen* .
   Plagiate auf der Straße kaufen

   > Das kostet bis zu 10.000 Euro Strafe.

1. In Singapur _____ .
   Kaugummis auf den Boden spucken

   > Das kostet 1.000 Euro Strafe

2. In Frankreich _____ .
   in öffentlichen Gebäuden rauchen

   > Das kostet 45 Euro.

3. In Bayern _____ .
   in der Stadt an Bäume pinkeln

   > Das kostet Sie 50 Euro Strafe.

4. In New York _____ .
   Hunde auf dem Gehweg „ihr Geschäft" machen

   > Das kostet bis zu 1.000 Euro Strafe.

_____

Zusatzübung: Und was ist in Ihrem Land verboten und kostet Strafe?

8. Hinweise und Tipps für unterwegs

Ergänzen Sie das Verb im Partizip Präsens. Was passt: *a* oder *b*?

Ansage am Bahnhof	0. Der aus Italien *kommende* Zug hat leider eine Stunde Verspätung.	a. kommende
Aus dem Reisewetterbericht	1. In der nächsten Woche können Sie mit langsam _____ Temperaturen rechnen.	b. steigenden
Aus einem Prospekt der Bahn	2. _____ Kinder bis 12 Jahre fahren kostenlos auf Ihrem Ticket mit.	a. Mitreisende
Aus einer Schweizer Zeitung	3. _____ Woche beginnt in Luzern wieder das internationale Filmfestival.	b. Kommende
Hinweis eines Bergführers	4. Wir müssen früh ins Bett, wir haben morgen eine sehr _____ Bergtour vor uns.	a. geltendes
Hinweise vom Auswärtigen Amt	5. Wenn Sie in ein fremdes Land reisen, sollten Sie dort _____ Recht und Brauchtum respektieren.	b. anstrengende
Reisetipps aus der Apotheker-Zeitschrift	6. Bei warmen Temperaturen und in der Nähe von _____ Gewässern empfehlen wir Ihnen dringend ein Anti-Mückenspray.	a. passende
Tipps eines Reiseveranstalters	7. Tagsüber kann es sehr warm und nachts sehr kalt werden: Nehmen Sie deswegen für jedes Wetter die _____ Kleidung mit.	b. stehenden
Aus einem Kaufvertrag	8. Wenn Sie nach der festen Buchung noch etwas ändern wollen, können Ihnen die dadurch _____ Mehrkosten in Rechnung gestellt werden.	a. entstehenden
Aus einer Reise-Statistik	9. Im Vergleich zum Vorjahr haben Afrika-Urlauber mehr Geld im Land gelassen. Damit ist Afrika unter allen fünf Kontinenten der am stärksten _____ Tourismus-Markt.	b. wachsende
Aus einem Familienratgeber	10. Es muss keine _____ Kinder geben. Achten Sie deshalb schon bei der Urlaubsbuchung auf spezielle Kinder-Hotels.	a. nervenden
Reisetipps einer Krankenversicherung	11. Gegen Malaria gibt es zwar keine Impfung, Sie sollten aber _____ Medikamente nehmen.	b. vorbeugende

D

9. Schilder

Was sehen Sie auf dem Schild? Ordnen Sie die passenden Texte zu.

Achtung! Vorsicht!

0. Lebendtier-Transport
1. Fliegende Untertassen
2. Keine brennenden Zigaretten im Wald!
3. Kochendes Wasser
4. Kreuzende Kängurus
5. Herabfallende Gegenstände
6. Spielende Kinder

0	1	2	3	4	5	6
g						

E. Freizeit & Sport

1. Kommst du mit?

Welche Verbformen (a-m) passen in welche Lücken (1-12)?

⬜ ▭▭▭▭▭▭▭▭▭▭▭▭   ▭▭▭▭▭▭▭▭   ⊡ 🗗

▽ 📝 ▾ 🖂 🖨 ✎ ✓ 🆎 📤 🔓 ⌗

An: dieter@online.de

Von: joh_anna@redwin.net

Betreff: Zeit?   **Priorität** | Normal | ▼

Guten Morgen, meine Liebe,

(0) _bist_ du schon wach?

(1) _____ wir heute was zusammen machen? Das Wetter

(2) _____ so schön.

Ich (3) _____ zum Beispiel Lust, mit dem Fahrrad durch die Stadt zu

fahren und Künstlerateliers anzusehen.

(4) _____ du schon, dass heute „Tag der Offenen Ateliers" ist? Ich finde,

das klingt total interessant. Komm, (5) _____ uns das doch machen.

Wir (6) _____ uns aber auch einfach in den Park legen und Leute

beobachten.

Oder (7) _____ du einen besseren Vorschlag?

Ich (8) _____ übrigens den ganzen Tag Zeit.

Bitte, (9) _____ mich nachher an. Ich (10) _____ noch kurz

einkaufen, ansonsten (11) _____ ich zu Hause erreichbar.

Bis später

Johanna

PS: (12) _____ du eigentlich noch mein Wörterbuch?

---

a. bin	d. habe	g. ist	j. muss	m. Weißt
b. bist	e. hast	h. könnten	k. ruf	
c. Brauchst	f. hätte	i. lass	l. Wollen	

2. Man trifft sich oder nicht

Ergänzen Sie das Verb *können* in der passenden Form. Achten Sie auf die unterschiedlichen Zeiten. Auch Konjunktiv ist möglich.

0. Leider hatte ich einen wichtigen Termin, deswegen _konnte_ ich nicht ins Konzert mitkommen.

1. Der Tennisplatz ist ab 15 Uhr reserviert. Wann _____ du frühestens da sein?

2. Kommst du nächsten Samstag zu meiner Gartenparty? Du _____ auch deinen Freund mitbringen, wenn er Lust hat.

3. Danke für die Einladung, aber wir _____ nächsten Samstag nicht kommen. Da feiert mein Schwiegervater seinen 60. Geburtstag.

4. Ihr kommt doch heute Abend zum Essen? Ich hätte ein Bitte: _____ ihr pünktlich sein? Es gibt nämlich Käse-Soufflé.

5. Immer wenn ich mit euch etwas unternehmen möchte, habt ihr keine Zeit. Wann _____ ihr eigentlich?

6. Letzten Donnerstag sind wir vier Tage ans Meer gefahren, weil Markus sich kurzfristig frei nehmen _____.

3. Eine hyperaktive Frau

A. Ergänzen Sie das passende Verb im Präsens.

ansehen • ausruhen • einladen • ~~fahren~~ • helfen • lassen • laufen
lesen • schlafen • waschen

0. Am Montagnachmittag _fährt_ sie zwei Stunden Fahrrad.
1. Am Dienstagmorgen _____ sie das Auto.
2. Am Mittwoch _____ sie sich den Rücken massieren.
3. Am Donnerstagnachmittag _____ sie im Seniorenheim aus ihrem neuen Roman.
4. Am Freitagmittag _____ sie der Organisation „Tischlein-deck-dich" bei der Essensausgabe.
5. Am Samstagabend _____ sie ihre Eltern zu einem fünfgängigen Menü ____.
6. Am Sonntag _____ sie sich einen alten Film im Kino ____.
7. Jeden Morgen _____ sie zehn Runden im Park.
8. Abends _____ sie sich nur _____.
9. Und nachts _____ sie immer acht bis zehn Stunden.

B. Bilden Sie Sätze nach folgenden zwei Mustern.
Jemand erzählt Ihnen von dieser hyperaktiven Frau. Darauf antworten Sie:

0. *Ich hätte keine Lust*, zwei Stunden Fahrrad *zu fahren*.
Würdest du etwa zwei Stunden Fahrrad *fahren*?

4. Schriftliches und mündliches Erzählen

Setzen Sie die Texte aus der geschriebenen in die gesprochene Sprache. Verwenden Sie an Stelle des Imperfekts das Perfekt.

Wie verbringen die Personen ihr Wochenende?

In einer Geschichte steht: Sie erzählen einem Freund:

1. Unter der Woche arbeitete er täglich zehn Stunden. Aber am Sonntag beschäftigte er sich nur mit seinen Kindern: Er ging mit Ihnen auf den Spielplatz oder ins Kino.

   Unter der Woche hat er täglich zehn Stunden gearbeitet. Aber ...

2. Samstagmorgen regnete es sehr stark. Da beschloss sie von einer Minute auf die andere, für zwei Tage nach Italien an den Gardasee zu fahren. Dort konnte sie sicher sein, dass das Wetter schön ist.

3. Das ganze Wochenende schneite es, deshalb gingen die beiden nicht einmal vor die Tür. Sie saßen gemütlich auf dem Sofa und lasen ein Buch nach dem anderen. Sie standen nur auf, um Tee oder eine heiße Suppe zu kochen.

4. Samstag früh kam sie erst um fünf Uhr nach Hause. Deshalb schlief sie bis Nachmittag. Dann trank sie einen starken Kaffee und setzte sich vor den Computer. Später sah sie noch ein bisschen fern. Am Abend fiel sie todmüde ins Bett.

5. Samstagmorgen stand er sehr früh auf, weil er mit Freunden zum Segeln verabredet war. Nach fünf Stunden kamen sie mit ihrem Boot am Ziel an, einer kleinen Insel in der Nordsee. Die Nacht zum Sonntag verbrachten sie bei gutem Wein auf dem Boot.

Zusatzübung: Und wie verbringen *Sie* normalerweise Ihr Wochenende? Erzählen Sie im Präsens.

5. Danach weiß man immer alles besser

A. Was passt zusammen? Ordnen Sie zu.

Ein Tennisspieler sucht Gründe (oder Ausreden?) für seine momentanen Misserfolge bei Turnieren.

0. Hätte ich doch mehr trainiert!	a. Dort sind die Trainingsbedingungen viel besser.
1. Wäre ich doch nur ins Leistungszentrum gegangen!	b. Der lag viel besser in der Hand.
2. Hätte ich doch bloß nicht den Trainer gewechselt!	c. Das hat viel zu viel Zeit gekostet.
3. Hätte ich nur meinen alten Schläger behalten!	d. Das war viel zu anstrengend.
4. Hätte ich doch in letzter Zeit nicht so viele Turniere gespielt!	e. Mit dem neuen verstehe ich mich nicht so gut.
5. Wäre ich bloß nicht zwischen den Turnieren zu meiner Freundin gefahren!	f. Leider hat die Firma Nikitas vorgestern abgesagt.
6. Wenn ich nur endlich einen Sponsor finden würde!	g. Aber ich war ja zwei Wochen verletzt.

0	1	2	3	4	5	6
g						

B. Formen Sie die Sätze 1-6 in den Imperativ um.
Ein Freund reagiert auf das Jammern des Sportlers: „Red nicht so viel. ..."
0. *Trainier mehr!*

6. Fiktives Interview mit Franz Beckenbauer (direkt nach einem Spiel)

Bilden Sie Fragesätze. Achten Sie auf die richtige Verbform.

0. *Wann wird beim Fußball das Spiel unterbrochen?*

Wann – beim Fußball – das Spiel? *(unterbrechen)*

| Abseits ist, wenn der Schiedsrichter pfeift.

1. _____

Wie – das Spiel – gegen Holland? *(verlaufen)*

| Die Schweden sind keine Holländer – das hat man ganz genau gesehen.

2. _____

Warum – Ihre Mannschaft – heute Abend – so schlecht? *(spielen)*

| Ich bin noch immer am Überlegen, welche Sportart meine Mannschaft an diesem Abend ausgeübt hat. Fußball war's mit Sicherheit nicht.

3. _____

Was – Sie – Ihren Spielern – in der Pause? *(sagen)*

| Das Einzige, was sich in der ersten Hälfte bewegt hat, war der Wind.

4. _____

Was – die Fans – am Ende der WM 2006? *(sollen machen)*

| Ich geh' am 10. Juli nach Hause.

5. _____

Sie – mit dem Ergebnis – zufrieden? *(sein)*

| Wir haben zwar nicht gewonnen, aber wir haben auch nicht verloren.

6. Was glauben Sie, _____

_____

wer – heute Abend – das Spiel? *(gewinnen)*

| Es gibt nur eine Möglichkeit: Sieg, Unentschieden oder Niederlage.

7. _____

_____

Welche Empfehlung – Sie – der deutschen Mannschaft – für das Spiel – heute Abend? *(geben)*

| Ein Erfolgsrezept: Flach spielen, hoch gewinnen.

8. _____

Warum – 1976 – ein besonders erfolgreiches Jahr – für Sie? *(sind)*

| Ich habe in einem Jahr 16 Monate durchgespielt.

9. _____

Wer – Ihnen – nach diesem schlechten Spiel – am meisten? *(leid tun)*

| Wissen Sie, wer mir am meisten leidtat? Der Ball.

➲ Die Antworten sind Originalzitate von Franz Beckenbauer.
Mehr über Franz Beckenbauer und seine Erfolge unter:
www.beckenbauer.de

7. Live aus dem Fußballstadion

Was bedeuten die Redewendungen aus der Fußballsprache? Ordnen Sie zu.

Vor Spielbeginn

0. Was denken Sie? *Wie geht das Spiel aus?* Können Sie einen Tipp abgeben?	__c__ a. Sie werden unter die letzten Vier kommen.
1. Wenn unsere Mannschaft Glück hat, *erreichen sie das Halbfinale.*	___ b. Sie werden 0:3 *(0 zu 3)* spielen.
2. Ich schätze, *sie werden verlieren.*	__c.__ c. Wer wird gewinnen?

Während des Spiels

3. *Das Spiel wird* vom englischen Schiedsrichter *angepfiffen.*	___ a. Der Ball ist im eigenen Tor gelandet.
4. Die gegnerische Mannschaft *hat ein Eigentor geschossen.*	___ b. Der Ball ist im Tor.
5. Der Kapitän der gegnerischen Mannschaft *hat den Ball perfekt gestoppt.*	___ c. Jemand hat ihn zu Fall gebracht.
6. Der Linienrichter *hat ein Abseits übersehen.*	___ d. Er wird verwarnt.
7. Der Verteidiger *wurde* eindeutig *gefoult.*	___ e. Mit diesem Pfiff beginnt das Spiel.
8. Der gegnerische Spieler *bekommt die gelbe Karte.*	___ f. Er hat den Ball unter Kontrolle gebracht.
9. Der beste Stürmer der Heim-Mannschaft *schießt den Elfmeter.*	___ g. Er hat die Spielphase vor dem Tor nicht genau beobachtet.
10. *Er trifft das Tor.*	___ h. Er versucht, den Ball aus elf Metern Entfernung ins Tor zu bringen.

11. Spieler Nummer 6 *bekommt* nach einem Foul *die rote Karte und wird vom Platz verwiesen.*	___ a. Er darf nicht mehr weiterspielen und ist mindestens für das nächste Spiel gesperrt.
12. Nach der Halbzeit *steht es 2:0.*	___ b. Einer muss vom Platz, ein anderer kommt für ihn neu ins Spiel.
13. Der Torwart *kann* in der 57. Minute gerade noch *ein Tor verhindern.*	___ c. Das Spiel ist aus.
14. Der Trainer *wechselt einen neuen Spieler ein.*	___ d. Das Endergebnis lautet 3:1.
15. Der gerade eingewechselte Spieler *köpft den Ball ins Tor.*	___ e. Er hält den Ball.
16. *Die Abwehr hat geschlafen.*	___ f. Die Heim-Mannschaft führt mit zwei Toren.
17. Nach drei Minuten Nachspielzeit *wird das Spiel abgepfiffen.*	___ g. Die Verteidiger haben nicht schnell genug reagiert.
18. Das Heimspiel *endet 3:1.*	___ h. Er erzielt per Kopfball ein Tor.

E

8. Kennen Sie Katarina Witt?

Ergänzen Sie die Verben im Imperfekt.

Die Erfolgsgeschichte einer deutschen Eislaufkunstläuferin:

0. Katarina Witt _wurde_ 1965 in der ehemaligen DDR in der Nähe von Berlin _geboren_. | geboren werden

1. Im Alter von etwa fünf Jahren _____ sie das erste Mal auf Schlittschuhen. | stehen

2. Katarina Witt _____ die damalige Kinder- und Sportschule in Chemnitz. | besuchen

3. Dort _____ man ihr Talent und _____ sie. | erkennen / fördern

4. Mit zehn Jahren _____ Katarina Witt zu Jutta Müller, der erfolgreichsten Eiskunstlauf-Trainerin der Welt. | kommen

5. 1984 und 1988 _____ sie zweimal olympisches Gold. | gewinnen

6. Außerdem _____ sie mehrere Europa- und Weltmeistertitel. | erringen

7. Man _____ sie als das „schönste Gesicht des Sozialismus". | bezeichnen

8. Zum Zeitpunkt des Mauerfalls 1989 _____ Katarina Witt als Vorzeige-Sportlerin der DDR. | gelten

9. Sie _____ von der DDR-Geheimpolizei, der „Stasi", jahrelang _____ und _____. | überwacht / bespitzelt werden

10. 1988 _____ sie ihre Profikarriere bei Holiday on Ice. | beginnen

11. Dann _____ Katarina Witt zu den Amateuren _____ und _____ 1994 ein drittes Mal bei den Olympischen Spielen. | zurückkehren / starten

12. 1998 _____ sie sich für den *Playboy* fotografieren. | lassen

13. Katarina Witt _____ den Eiskunstlauf ihrer Zeit und ist eine der bekanntesten Sportlerinnen Deutschlands. | prägen

➲ Mehr zu Katarina Witt unter: www.katarina.de

9. Redewendungen zu Körperteilen

Welche Umschreibungen (a-f) passen zu welchen Redewendungen (1-5)?

0. Der Hockeyspieler bekam den Ball mit voller Wucht ans Bein. *Er hat* aber *die Zähne zusammengebissen* und weitergespielt.

1. Meine Kinder sind Leistungsschwimmer. Vor jedem Wettkampf *drücke ich ihnen fest die Daumen.*

2. Unsere Tochter *hat sich in den Kopf gesetzt*, in den Sommerferien mit ihrem Freund zu verreisen. Es wird unmöglich sein, sie davon abzubringen.

3. Den letzen Urlaub haben wir über das Internet gebucht. Leider *sind wir* damit *auf die Nase gefallen*, weil die Unterkunft schlecht und viel zu teuer war. Der Anbieter war einfach nicht seriös.

4. In der letzten Spielminute gab es noch einen Foul-Elfmeter, weil dem Stürmer *ein Bein gestellt wurde.*

5. In allen Zeitungen wurde das unmögliche Verhalten des Tennisspielers während des Spiels kritisiert. Das *hat er sich sehr zu Herzen genommen* und sich daraufhin öffentlich entschuldigt.

a. Sie will das unbedingt, egal, was andere sagen.

b. Das hat ihn betroffen gemacht.

c. Er hat die Schmerzen ertragen.

d. Man denkt an sie und wünscht ihnen viel Erfolg.

e. Das Ergebnis war nicht wie erhofft, die Sache hat sich leider nicht bewährt.

f. Der Gegner behinderte ihn beim Laufen, sodass er stürzte.

0	1	2	3	4	5
c					

10. Carl Spitzwegs Bild „Der arme Poet"

Bilden Sie aus den Partizipial-Konstruktionen Relativsätze.

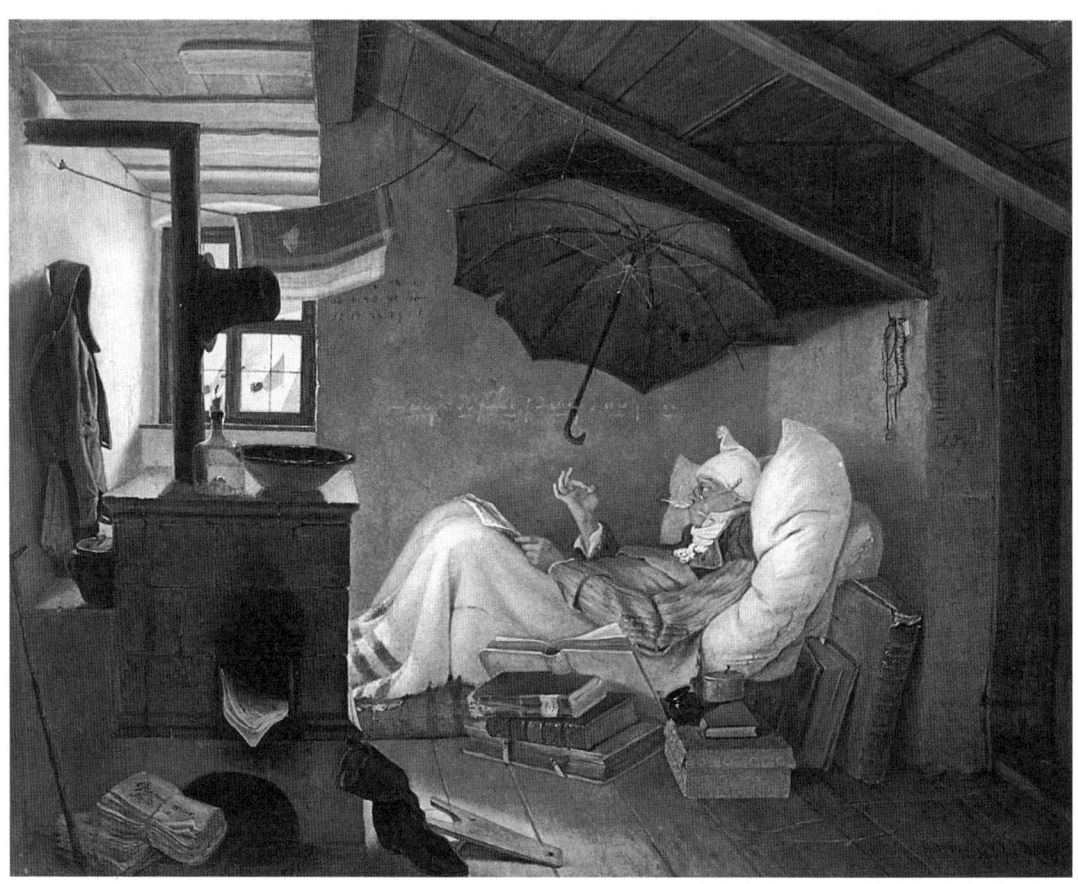

0. In der Neuen Pinakothek in München hängt ein *von Carl Spitzweg stammendes* Bild von 1839.

In der neuen Pinakothek in München hängt ein Bild von 1839, *das von Carl Spitzweg stammt*.

1. Das 36 x 45 Zentimeter große und *in drei Varianten entstandene* Bild heißt „Der arme Poet".

Das 36 x 45 Zentimeter große Bild, _____ _____,
heißt „Der arme Poet".

2. Das Bild zeigt einen armen, *auf einer alten Matratze liegenden* Dichter.

Das Bild zeigt einen armen Dichter, _____ _____.

3. Der *in eine Decke gehüllte und eine Schlafmütze tragende* Poet bewohnt eine armselige Dachkammer mit einem *schlecht funktionierenden* Ofen.

Der Poet, _____ _____,
bewohnt eine armselige Dachkammer mit einem Ofen, _____.

4. An der Decke hängt ein alter Regenschirm, der die *durch das Dach kommende* Feuchtigkeit abhalten soll.

An der Decke hängt ein alter Regenschirm, der die Feuchtigkeit abhalten soll, _____
_____.

5. Der *seine Schreibfeder im Mund haltende* Dichter ist ganz auf seine geistige Arbeit konzentriert.

Der Dichter, _____
_____, ist ganz auf seine geistige Arbeit konzentriert.

6. Er hält in der linken Hand Schreibpapier. Neben ihm befindet sich ein großes, *auf einer alten Schachtel stehendes* Tintenfass.

Er hält in der linken Hand Schreibpapier. Neben ihm befindet sich ein großes Tintenfass, _____
_____.

7. Die einzige Beschäftigung des Poeten scheint die *nur mühsam vorangehende* Dichterei zu sein.

Die einzige Beschäftigung des Poeten scheint die Dichterei zu sein, _____
_____.

8. Der arme Poet ist ein *von der Gesellschaft verkannter und vor der Gesellschaft fliehender* Idealist.

Der arme Poet ist ein Idealist, _____
_____
_____.

9. Das *häufig als Angriff auf die Dichtkunst missverstandene* Bild ist von liebevollem Humor geprägt.

Das Bild, _____
_____,
ist von liebevollem Humor geprägt.

10. Das *an die niederländische Malerei erinnernde* Bild „Der arme Poet" ist Spitzwegs bekanntestes Bild.

Das Bild „Der arme Poet", _____
_____,
ist Spitzwegs bekanntestes Bild.

Zusatzübung: Decken Sie die linke Spalte ab und formen Sie die Relativsätze wieder in Partizipial-Konstruktionen um.

11 Eine Geschichtenerzählin erzählt

Der faule Hans von Katharina Ritter, Geschichtenerzählerin, frei nach *Lazy Jack*

A. Welches Verb passt? Ergänzen Sie das Verb im Imperfekt.

Es _waren_ (0) einmal eine Mutter und ihr Sohn – einen Vater gibt es in dieser Geschichte nicht – das ist oft so in Geschichten – einer fehlt. Die Mutter _____ (1) eine Weißnäherin, sie _____ (2) den ganzen Tag und die halbe Nacht, und darüber _____ (3) ihre Augen immer schlechter und ihr Rücken beinahe krumm.

Neben ihr _____ (4), Hans, ihr Sohn. Hans _____ (5) ein guter Junge, aber er _____ (6) faul. Er _____ (7) immer nur neben seiner Mutter und _____ (8) ihr bei der Arbeit _____. Im Sommer _____ (9) sie draußen auf der Gartenbank, die Mutter _____ (10) und er _____ (11) ihr ___. Im Winter dasselbe, nur auf der Ofenbank. Dabei _____ (12) Hans immer größer und größer.

nähen
nähen
sein
sein
sein
sitzen
sitzen
sitzen
werden
werden
zusehen
zusehen

B. Schreiben Sie den Text um. Ergänzen Sie das Verb im Präsens.

Eines Tages, Hans *war* / _ist_ (0) beinahe 18 Jahre alt, da *nähte* / _____ (13) die Mutter eine Naht zu Ende, *machte* / _____ (14) einen Knoten in den Faden, *sah* / _____ (15) von der Arbeit *auf* und *sagte*/ _____ (16): „Hans, so geht das nicht weiter mit uns!" Hans *erschrak* / _____ (17) und *fragte* / _____ (18): „Warum, was ist nicht richtig?" „Du bist beinahe erwachsen, du musst nun auch arbeiten und Geld verdienen!" „Gut", *sagte* / _____ (19) Hans, denn er *war* / _____ (20) ein guter Junge,

der immer *tat* / _____ (21), was die Mutter *sagte* / _____ (22). „Gut", *sagte* / _____ (23) er, „was soll ich tun?"
„Frag nicht lang", *sagte* / _____ (24) die Mutter, „geh hinüber zum Bauern und frag, ob er Arbeit für dich hat."
„Gut", *sagte* / _____ (25) Hans und *ging* / _____ (26) zum Bauern und der *gab* / _____ (27) ihm Arbeit. Den ganzen Tag *musste* / _____ (28) er schwer arbeiten und den Stall ausmisten.

Zusatzübung: Lesen Sie Text B erst im Imperfekt, dann im Präsens laut vor. Welcher Text wirkt lebendiger? ➲ S. 118–120

C. Bilden Sie aus den Buchstaben ein Verb im Imperfekt.

Am Abend _bekam_ (0. a-b-e-k-m) Hans seinen allerersten Lohn – zehn Kreuzer in die Hand. Stolz war da der Hans, _____ (29. e-h-i-l-t) das Geld fest in der Hand und _____ (30. e-f-i-l) ganz schnell nach Hause, _____ (31. a-r-g-n-p-s) vor dem Haus über den Graben und _____ (32. e-f-i-r): „Mama, Mama, schau – mein allererster selbst verdienter Lohn!" Er _____ (33. e-e-f-f-n-ö-t) die Hand - aber das Geld _____ (34. a-r-w) nicht darin, er hatte es verloren.

„Was ist mit deinem Lohn?" _____ (35. a-e-f-g-r-t) die Mutter. „Ich glaub' ich hab ihn verloren.", _____ (36. a-e-g-s-t) Hans. „Aber Hans, dein allererstes sauer verdientes Geld und du verlierst es gleich – wo _____ (37. a-e-h-s-t-t-t) du ihn denn, deinen Lohn?" „Hier, hier in der Hand _____ (38. a-e-h-t-t) ich ihn", sagte Hans. „Aber Hans, Geld hält man doch nicht so in der Hand!"

D. Ergänzen Sie die zusammengesetzten Zeiten.

„Wieso, was _hätte_ ich damit _tun sollen_ (0)?" „Du _____ (39) deinen Lohn in die Hosentasche _____ sollen, dort _____ (40) er gut und sicher _____." „Gut", sagt Hans, „morgen _____ (41) ich meinen Lohn in die Hosentasche _____." Am nächsten Tag _____ (42) der Hans aber in einer Molkerei _____ und der Lohn war eine Kanne Milch. Was _____ (43) die Mutter _____ – in die Hosentasche stecken? Man muss immer tun, was die Mutter sagt.

So steckte Hans seinen Lohn in die Hosentasche. Als er zu Hause ankam, fragte seine Mutter ihn, warum er so nasse Hosen habe. „Aber du _____ (44) doch _____, ich _____ (45) den Lohn in die Hosentasche stecken!" „Aber doch nicht eine Kanne Milch, Hans!" „Was hätte ich tun sollen?" _____ (46) du sie halt auf dem Kopf _____, die Kanne mit der Milch." „Gut", sagte Hans, „morgen balanciere ich den Lohn auf dem Kopf."

0. tun sollen *Konjunktiv II Vergangenheit*
39. stecken sollen *Konjunktiv II Vergangenheit*
40. verwahrt sein *Konjunktiv II Vergangenheit*
41. stecken *Futur I*
42. arbeiten *Perfekt*
43. sagen *Plusquamperfekt*
44. sagen *Perfekt*
45. sollen *Konjunktiv I Gegenwart*
46. balancieren *Konjunktiv II Vergangenheit*

Am nächsten Tag hat Hans in einer Mühle gearbeitet, bei einem Müller, der ließ den Hans den ganzen Tag schwere Säcke mit Mehl schleppen und gab ihm am Abend als Lohn eine alte Katze. Was hatte die Mutter gesagt? Was sollte er mit dem Lohn machen? Auf dem Kopf balancieren?

Zusatzübung: Schreiben Sie die Geschichte zu Ende ... oder fragen Sie die Geschichtenerzählerin Katharina Ritter: www.geschichtenerzaehlerin.de

12. Ferien im Kloster

Setzen Sie die Verben ins Passiv.

In manchen Klöstern können Jugendliche ihre Ferien einmal anders verbringen.

So oder ähnlich sieht für die Feriengäste der Tagesablauf im Kloster aus:	Sie erzählen, was da den ganzen Tag gemacht wird:

0. Die Jugendlichen *schlafen* nicht aus, sondern *stehen* um 6 Uhr *auf*.

Da _wird_ nicht _ausgeschlafen_, sondern um 6 Uhr _aufgestanden_.

1. Dann *gehen* sie zum Morgengebet in die Kapelle.

Dann _____ zum Morgengebet in die Kapelle _____.

2. Um 7 Uhr *frühstücken* sie gemeinsam mit den Nonnen.

Um 7 Uhr _____ gemeinsam mit den Nonnen _____.

3. Am Vormittag *helfen* die Feriengäste bei verschiedenen Arbeiten im Kloster.

Am Vormittag _____ bei verschiedenen Arbeiten im Kloster _____.

4. Sie *arbeiten* in der Küche und im Garten *mit*.

Es _____ in der Küche und im Garten _____.

5. Sie *putzen* auch Fenster.

Fenster _____ auch _____.

6. Um 12 Uhr *essen* sie gemeinsam Mittag.

Um 12 Uhr _____ gemeinsam Mittag _____.

7. Den Nachmittag *verbringen* die Jugendlichen mit Sport und Spiel.

Der Nachmittag _____ mit Sport und Spiel _____.

8. Anschließend *lesen* sie eine Stunde.

Anschließend _____ eine Stunde _____.

9. Nach dem Abendessen und der Messe *gehen* sie ins Bett.

Nach dem Abendessen und der Messe _____ ins Bett _____.

10. Die Jugendlichen *akzeptieren* den strengen Tagesablauf ohne Probleme.

Der strenge Tagesablauf _____ von den Jugendlichen ohne Probleme _____.

_____

Zusatzübung: Setzen Sie den Passiv-Text ins Imperfekt.
Ein Freund hat seine Ferien im Kloster verbracht und erzählt Ihnen, wie der Tagesablauf war:
0. Stell dir vor, da _wurde_ nicht ausgeschlafen, sondern um 6 Uhr aufgestanden.

F. Medien & Aktuelles

1. Nachfragen

Wie könnte die Frage heißen?

Eine Freundin erzählt Ihnen Neuigkeiten. Sie haben nicht alles genau verstanden oder möchten mehr Informationen. Sie fragen deshalb nach.

0. Die Firma Kellermann & Co. entlässt in diesem Jahr 200 Mitarbeiter und Mitarbeiterinnen.	*Wie viele Mitarbeiter entlässt die Firma?*	200.
1. Die Schauspielerin Maria Keller heiratet den Industriellen Klaus Flick.		Am 7. Juli.
2. Ab September fliegt die Billigfluglinie *CheapJet* auch von Hannover nach München.		88 Euro.
3. Der Finanzminister verbringt dieses Jahr seinen Urlaub in Vals.		In der Schweiz.
4. In der Blumenstraße wurde ein neues Mode-Geschäft eröffnet.		Letzten Samstag.
5. Ich habe mir dort eine Bluse gekauft, sie ist bl...r...		Blaugrau.

2. Schlagzeilen

Ordnen Sie zu: Welches Verb passt zu welchem Text? Bilden Sie das Partizip Perfekt.

verbieten • verdächtigen • vergessen • verhaften • verlieben • verlieren
versprechen • verwechseln • verzeihen

0. *Verdächtigt*

In Salzburg sitzt seit gestern der Leiter des Museums in Untersuchungshaft. Er soll Spendengelder in die eigene Tasche gesteckt haben.

1. _____

Ab Januar 2005 darf man beim Autofahren nicht mehr mit dem Handy telefonieren. Wer das Verbot missachtet, muss mit einer hohen Geldstrafe rechnen.

2. _____

Der hessische Bildungsminister plant, im nächsten Jahr an Problemschulen Sozialpädagogen einzustellen. Er werden dafür mehrere Millionen Euro zur Verfügung gestellt.

3. _____

Gestern wurde gegen 15 Uhr eine Bank in der Innenstadt überfallen. Der Bankräuber flüchtete, konnte aber von drei jungen Männern in einer U-Bahn-Station gestoppt werden. Die Polizei nahm ihn dort fest.

4. _____

Auf dem Weg von der Bank nach Hause ist einem 76-jähriger Rentner ein Umschlag mit 10.000 Euro aus der Hosentasche gefallen. Die Polizei bittet um Mithilfe. Finderlohn!

5. _____

Jedes Jahr werden in der U-Bahn ungefähr 2.000 Regenschirme gefunden, die liegen geblieben sind. Einmal im Jahr werden sie in einer Auktion versteigert.

6. _____

Klara Maibaum, die 18-jährige Tochter der Schweizer Bankiersfamilie Maibaum, wurde gestern in der Diskothek P21 mit ihrem neuen Liebhaber gesehen. Der Glückliche heißt Markus Rapp, ist 22 Jahre und Jura-Student.

7. _____

Nach über 70 Jahren haben sich zwei Brüder in ihrem Geburtsort Nürnberg wiedergesehen. Seit dem Zweiten Weltkrieg, wo sie auf verschiedenen Seiten gekämpft hatten, hatten sie nicht mehr miteinander geredet. Der eine war im französischen Widerstand und der andere in der deutschen Wehrmacht.

8. _____

Karl Fischer aus Flensburg konnte gestern ohne Probleme ins Bundeskanzleramt in Berlin hineinspazieren. Fragt sich, wie das passieren konnte. Ganz einfach: Weil er dem Außenminister Steiler sehr ähnlich sieht, wurde er nicht kontrolliert.

3. Schon gelesen?

A. Ergänzen Sie in den Passiv-Sätzen das Partizip Perfekt.

0. In der Schweiz *wurde* ein neues Fahrrad _erfunden_ : Man kann damit im Stehen, Liegen oder Sitzen fahren. — erfinden

1. Gestern *wurde* nach langer Suche endlich der Bär _____, der vor vier Wochen zum ersten Mal in Bayern _____ *worden war*. — entdecken / sichten

2. Die Internationale Automobil-Messe in Frankfurt *wurde* heute Morgen _____. — eröffnen

3. Einer italienischen Fußball-Mannschaft *wurde* wegen Manipulationen bei den Spielen nachträglich der Meistertitel _____. — aberkennen

4. Die Erhöhung der Studiengebühren *wird* in den nächsten Wochen neu _____. — diskutiert

5. Im Rhein *ist* ab sofort Baden und Schwimmen _____. — verbieten

6. Ohne gültigen Reisepass oder Personalausweis *kann* EU-Bürgern an der Schweizer Grenze die Einreise _____ *werden*. — verweigern

7. Gestern *wurde* das Ergebnis der Untersuchung _____. — veröffentlichen

8. Ein Schäferhund *wurde* im Wald an einen Baum _____ und allein _____. — binden / zurücklassen

9. Die Internet-Seite, auf der ausländische Besucher wichtige Informationen über Österreich finden, *wurde* komplett _____ und ist jetzt benutzerfreundlicher. — überarbeiten

10. In einer Studie *wurde* das Kaufverhalten von Jugendlichen unter 18 _____. — untersuchen

11. 2005 *wurde* ein deutscher Physiker mit dem Nobelpreis _____. — auszeichnen

B. Welche Passiv-Formen kommen in den Sätzen (1–11) vor? Ergänzen Sie die Tabelle.

Vorgangspassiv	Präsens	
	Imperfekt	*wurde erfunden*
	Plusquamperfekt	
	Modalverb + Infinitiv Passiv	
Zustandspassiv	Präsens	

Rauchverbot für Mieter?

Im folgenden Text fehlt 13-mal eine Form von *rauchen*. Entscheiden Sie, wo *rauchen* als Verb und wo *Rauchen* als Nomen ergänzt werden muss:

Ist *R*auchen (0) in der Wohnung bald verboten?

In Deutschland ist _*auchen* (1) in öffentlichen Gebäuden und Verkehrsmitteln weitgehend verboten. Wer _*auchen* (2) will, muss zum _*auchen* (3) nach draußen gehen oder kann nur noch zu Hause _*auchen* (4). Mittlerweile fordern immer mehr Mieter rauchfreie Zonen in Wohnhäusern. Sie sind sogar gegen das _*auchen* (5) auf dem Balkon. Bisher war es erlaubt, in der eigenen Wohnung zu _*auchen* (6), wobei die Intensität des _*auchen* (7) keine Rolle spielte. Starkes _*auchen* (8) schadet jedoch der Wohnung und kann den Hausfrieden stören.

In Zukunft könnte deshalb das _*auchen* (9) in der Wohnung eingeschränkt werden. Dann könnte im Mietvertrag stehen, dass es unerwünscht ist, in der Wohnung exzessiv zu _*auchen* (10). Die Kosten für die Schäden, die durch das _*auchen* (11) entstehen, müsste dann der Mieter tragen. Aber noch geht die Rechtsprechung davon aus, dass den Mietern nicht vorgeschrieben werden kann, wie sie zu leben haben bzw. wie viel sie _*auchen* (12) dürfen. Noch bestimmt der Mieter beim _*auchen* (13) in der Wohnung selbst.

Stand: August 2006

5. Klatsch und Tratsch

Ergänzen Sie die Fragen.

Sie treffen sich mit Freunden und tauschen Neuigkeiten aus.

Weißt du schon, ...

0. Mehrere Radfahrer sollen bei der Tour de France gedopt gewesen sein.

dass *mehrere Radfahrer bei der Tour de France gedopt gewesen sein sollen* ?

1. Die belgische Königin musste operiert werden.

dass _____ _____?

2. Der Finanzminister soll sich ein Haus für drei Millionen gekauft haben.

dass _____ _____?

3. Prinz Albert soll sich schon wieder mit einer neuen Freundin gezeigt haben.

dass _____ _____?

4. Günther Jauch will mit allen Gewinnern von „Wer wird Millionär?" essen gehen.

dass _____ _____?

5. Ein neues Krebsmedikament soll entdeckt worden sein.

dass _____ _____?

6. Das Eisstadion kann nicht mehr repariert werden.

dass _____ _____?

7. Tom Cruise hat sich scheiden lassen.

dass _____?

8. Eine deutsche Energiefirma soll von einem russischen Konzern übernommen werden.

dass _____ _____?

9. Robbie Williams hat sich am ganzen Körper tätowieren lassen.

dass _____ _____?

10. Gestern konnte man zum ersten Mal Thomas Gottschalk im Fernsehen singen hören.

dass _____ _____?

_____

Zusatzübung: Vielleicht finden Sie in Zeitschriften neuen Klatsch und Tratsch. Bilden Sie noch weitere Fragen mit *Weißt du schon, dass ...?*

6. Zukunftsvisionen

A. Ordnen Sie jeder Frage die passende Antwort zu.

0. Mit welchem Klima wird man in den nächsten Jahrhunderten auf der Erde rechnen müssen?

1. Wann wird es das erste Hotel auf dem Mond geben?

2. Was wird der Computer in ferner Zukunft alles können?

3. Welche Kleidung werden wir in Zukunft kaufen können?

4. Wie werden in Zukunft Menschen zu weit entfernten Planeten fliegen können?

5. Um wie viel wärmer wird es im Jahr 2100 in Europa sein?

6. Wie wird das Handy der Zukunft aussehen?

7. Wie wird man sich die Schule von morgen vorstellen müssen?

8. Wie wird man sich in Zukunft fortbewegen?

a. In einigen Regionen wird es bis zu 4 Grad wärmer werden, d. h. im Winter wird es mehr Regen als Schnee und im Sommer mehr Trockenheit geben.

b. Es wird eine neue Eiszeit geben. Vielleicht werden sich auch wegen des Treibhauseffekts weite Landstriche in Wüsten verwandeln.

c. Das erste „Gästehaus" außerhalb der Erde wird man vielleicht in 100 Jahren buchen können.

d. Es wird Kombigeräte mit allen möglichen Multifunktionen geben, Armbanduhren mit Handy-Funktion und individuell gestaltete Handys.

e. Es wird keine Autos mehr geben, sondern intelligente, von einem Computer gelenkte Elektromobile werden jeden Weg und jedes Ziel finden.

f. Die Schule von morgen wird ein Begegnungszentrum für Menschen von 1 bis 99+ sein.

g. Der Computer wird unser täglicher Begleiter sein, er wird nicht nur sprechen und zuhören, sondern auch Gefühle verstehen können.

h. Damit man auf der langen Reise zu anderen Planeten nicht alt und grau wird, wird man in einen künstlichen Kälteschlaf versetzt werden.

i. Die Bekleidungsindustrie wird den Kunden nie mehr frieren oder schwitzen lassen. Speziell der Jahreszeit angepasste Kleidung wird je nach Tagestemperatur entweder wärmen oder kühlen.

0	1	2	3	4	5	6	7	8
b								

B. Markieren Sie in den Fragen (1-8) und den Antworten (a-i) die Futur-Formen.

0. Mit welchem Klima <u>wird</u> man in den nächsten Jahrhunderten auf der Erde <u>rechnen müssen</u>?

b. Es <u>wird</u> eine neue Eiszeit <u>geben</u>. Vielleicht <u>werden</u> sich auch wegen des Treibhauseffekts weite Landstriche in Wüsten <u>verwandeln</u>.

7. Wenn Deutschland eine Insel wäre

Ergänzen Sie die Verben im Konjunktiv II der Gegenwart (G) bzw. Vergangenheit (V).
Manchmal ist auch die Ersatzform mit *würde* + Infinitiv möglich.

Wenn Deutschland eine Insel wäre...

0. Vermutlich *hätten* dann die meisten Deutschen jahr-
   hundertelang nur eine Fremdsprache *gelernt* .
   Dann *äßen* die Deutschen heute sicher mehr Fisch und
   Schalentiere.
   Oder: Dann *würden* die Deutschen heute sicher mehr
   Fisch und Schalentiere *essen*.

	lernen (V)
	essen (G)

1. Möglicherweise _____ dann weniger Deutsche auf
   die Kanarischen Inseln _____.

   auswandern (V)

2. Dann _____ die Deutschen nicht so viele gute Skifahrer
   _____, aber mehr gute Surfer.

   hervorbringen (V)

3. Dann _____ es vielleicht mehr einheimische Pflanzen
   und Tiere _____, die nicht vom Aussterben
   bedroht _____.

   geben (G)
   sein (G)

4. Dann _____ vermutlich eine der längsten Brücken oder
   einer der längsten Tunnels in Deutschland _____
   _____.

   gebaut werden (V)

5. Dann _____ die EU heute vielleicht nicht
   _____.

   existieren (G)

6. Dann _____ die Preise für Exportartikel vermutlich
   höher _____.

   liegen (G)

7. Dann _____ München möglicherweise kein Oktoberfest
   _____, weil wegen des veränderten Klimas kein
   Hopfen und Malz angebaut und kein Bier _____ _____
   _____.

   haben (G)
   gebraut werden können (G)

8. Dann _____ Deutschland in den letzten Jahrhunderten
   weniger von anderen großen Kulturen _____
   _____.

   beeinflusst werden (V)

9. Sicherlich _____ dann ein Rundwander- und Fahrradweg
   an der Küste entlang _____ _____!

   geplant werden (V)

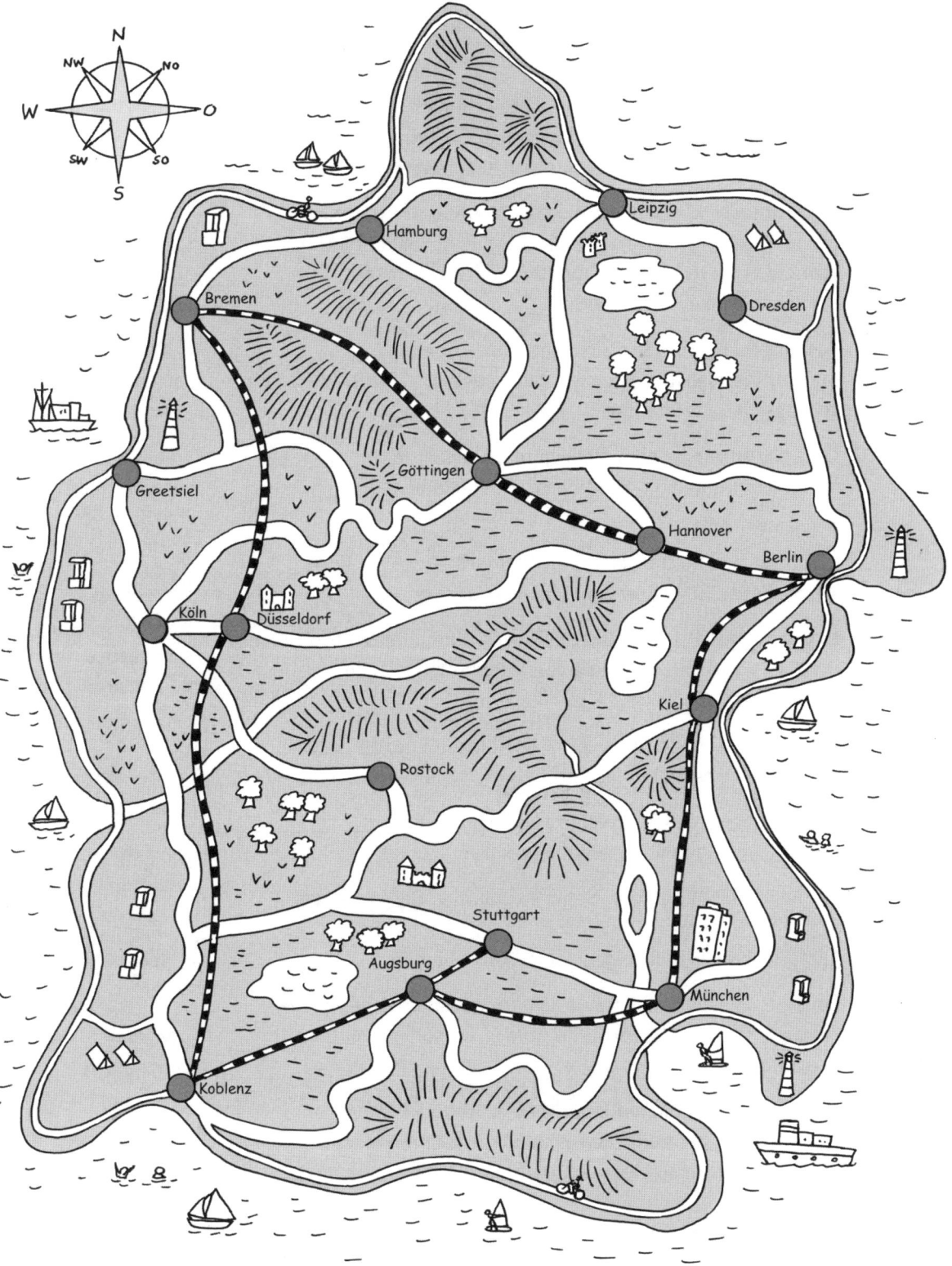

8. Nachrichten aus aller Welt

Ergänzen Sie in den Passiv-Sätzen das Partizip Perfekt.

0. Ein deutscher Tourist ist in der Nähe von Kapstadt von einem Hai *angegriffen* und *verletzt* worden. Im letzten Moment konnte er noch in ein Boot *gezogen* und *gerettet* werden.

| angreifen / verletzen ziehen / retten |

1. Am Freiburger Hauptbahnhof *ist* gestern eine verdächtige Tasche _____ worden. Der Bahnhof *wurde* daraufhin für mehrere Stunden _____. Später stellte sich heraus, dass die Tasche von einer Touristin _____ worden war.

| entdecken sperren vergessen |

2. Aus dem Louvre in Paris *sind* wertvolle Exponate _____ worden. Die Diebstähle *wurden* wahrscheinlich mit Hilfe von Museumsangestellten _____.

| stehlen verüben |

3. In Zürich *ist* ein Sicherheitsbeamter in einem Hotel _____ worden. Er *wurde* von den Tätern am Hoteleingang _____ und _____.

| überfallen abpassen bedrohen |

4. Exotische Mondfische *sind* an der Atlantik-Küste _____ worden. Anscheinend *wurden* sie von Quallen _____.

| sichten anlocken |

5. In Griechenland *ist* ein fünf Millionen Jahre alter Schädel _____ worden. Er *wurde* von Hobby-Archäologen _____.

| ausgraben finden |

6. Der größte Lotto-Jackpot von 3,5 Millionen Euro *ist* an eine alleinerziehende Mutter aus Graz _____ worden.

| ausbezahlen |

7. Bei den Salzburger Festspielen *sind* alle Opernstars _____ und _____ worden. Die Oper *wurde* live _____.

| umjubeln feiern / übertragen |

8. Das neue DDR-Museum in Berlin *ist* von den Besuchern gut _____ worden. Die Ausstellungsstücke, die das Alltagsleben der DDR zeigen, *wurden* von Bürgern _____.

| annehmen spenden |

9. Bei einer Zollkontrolle *sind* statt harter Drogen sieben junge Katzen _____ worden. Sie *wurden* im Kofferraum eines Fahrzeugs _____.

| aufspüren transportieren |

10. Der Münchner Flughafen *ist* als bester Airport Europas _____ worden. Die Befragung *wurde* von einem unabhängigen Forschungsinstitut _____.

| auszeichnen durchführen |

➲ In Nachrichtentexten steht im einleitenden Satz meist Perfekt. Der Text wird dann häufig im Imperfekt weitergeführt.

9. Noch mehr Schlagzeilen

Suchen Sie den Infinitiv zu den *kursiv gesetzten* Verbformen.

0. **Sportler geehrt**

Gestern sind in Berlin die „Sportler des Jahres" *geehrt* worden. (...)

ehren

1. **Deutscher Film nominiert**

Ein deutscher Film ist für den diesjährigen Oskar *nominiert* worden. (...)

2. **Innenstadt abgeriegelt**

Am Wochenende ist die gesamte Innenstadt wegen der Sicherheitskonferenz *abgeriegelt* worden. (...)

3. **Schäferhund vergessen**

Ein Schäferhund ist von seinem Herrchen an der Autobahn-Raststätte Frankfurter Kreuz *vergessen* worden. (...)

4. **Schule ausgebrannt**

Aus noch ungeklärter Ursache ist eine Grundschule in Bonn völlig *ausgebrannt*. Es *entstand* ein Sachschaden von ca. 200 000 Euro.

5. **Autos zerkratzt**

Am Wochenende sind in der Kölner Straße etwa dreißig parkende Autos seitlich *zerkratzt* worden. (...)

6. **Konzert ausgefallen**

Wegen Erkrankung des Sängers ist das für Samstag angekündigte Konzert der „Rocking Boyz" kurzfristig *ausgefallen*.

7. **Familie betrogen**

Eine Familie wurde beim Grundstückskauf *betrogen* und *verlor* dadurch beinahe ihr gesamtes Vermögen. (...)

8. **Finale verschoben**

Wegen Regen wurde das Tennis-Finale *abgebrochen* und auf Sonntag *verschoben*. (...)

9. **Hund gefunden**

Der vermisste Hund des Bürgermeisters ist von Spaziergängern im Wald *gefunden* worden. (...)

10. **Gemälde gestohlen**

In der Nacht von Samstag auf Sonntag sind zehn berühmte Gemälde aus der Alten Pinakothek in München *gestohlen* worden.

11. **Toter Wal geborgen**

Am Samstag ist an der Nordsee in der Nähe der Insel Sylt ein toter Wal *geborgen* worden. Das Tier *wog* fast 18 Tonnen. (...)

12. **Baupreise gesunken**

Einer aktuellen Studie zufolge sind in Deutschland die Baupreise für Einfamilienhäuser in den letzten zwei Jahren um sechs Prozent *gesunken*.

13. **Eiger-Nordwand bezwungen**

Nach mehreren gescheiterten Versuchen hat ein Bergsteiger-Team aus Südafrika erfolgreich die 1800 Meter hohe Eiger-Nordwand *bezwungen*. (...)

14. **Schuld bewiesen**

Die positive B-Probe im Doping-Skandal um Peter S. hat dessen Schuld eindeutig *bewiesen*. Der Sportler hatte bis zuletzt alle Vorwürfe *abgestritten*. (...)

10. Aus dem Wirtschaftsteil der Zeitung

Ergänzen Sie die Lücken. Setzen Sie die fehlenden Partizipien aus den angegebenen Silben zusammen.

0.

Die Arbeitsmarktsituation hat sich aufgrund ___*sinkender*___ Arbeitslosenzahlen verbessert.

der – sin – ken

1.

_____ Verluste auf dem Rentenmarkt haben dazu geführt, dass ...

hal – de – An – ten

2.

Die Firma Siemens hat _____ Halbjahreszahlen präsentiert.

täu – de – schen – ent

3.

Die kürzlich _____ Konjunkturdaten deuten auf ein stärkeres Wirtschaftswachstum hin.

ver – ten – lich – öffent

4.

Aufgrund der hohen Energiepreise und der _____ Zinsen ist mit weniger Gewinn zu rechnen.

ge – ge – nen – stie

5.

Kraftwerke, die mit _____ Kohle Energie produzieren, müssen geschlossen werden.

ven – nier – sub – tio – ter

6.

Der Anteil nicht _____ Zigaretten liegt in Ost-Deutschland bei dreißig Prozent.

ver – ter – er – steu

7.

Wegen der _____ Nachfrage nach Elektro-Autos wird die Produktion eingeschränkt.

den – ren – nie – stag

8.

Stark _____ Angebote haben überdurchschnittlich viele Kunden in die Geschäfte gelockt.

zier – re – te – du

9.

Wegen der _____ Aktienkurse in den USA ist die Stimmung an den deutschen

fal – le – nen – ge Aktienmärkten eher gedämpft.

10.

_____ Wirtschaftsimpulse entstehen durch vermehrte Kaufkraft der Bürger.

Be – le – de – ben

Ein Gerichtsurteil

A. Lesen Sie den Text. Er gibt das Urteil des Gerichts wieder und steht deswegen weitgehend in der indirekten Rede (= Konjunktiv). Unterstreichen Sie alle Verben im Konjunktiv.

Ein interessantes Gerichtsurteil

Arbeitslose müssen ihre Bewerbungen ernst meinen – laut Urteil des Bundessozialgerichts:

Ein Arbeitsloser hat sich auf ungewöhnliche Weise um eine Stelle beworben. Er verwies in seiner Bewerbung explizit auf seine fehlende Ausbildung und Berufserfahrung. Der potenzielle Arbeitgeber bewertete das als Desinteresse an der angebotenen Stelle und beschwerte sich bei der *Bundesagentur für Arbeit* (BA), die den Bewerber vermittelt hatte. Diese entzog dem Arbeitslosen daraufhin die weitere finanzielle Unterstützung. Der Arbeitslose ging vor Gericht und verklagte die *Bundesagentur für Arbeit.*

Im Urteil des Bundessozialgerichts zu diesem Fall heißt es, dass der Arbeitgeber eine solche Bewerbung nicht ernst nehmen <u>könne</u> und sogar davon ausgehen müsse, dass der Bewerber gar kein Interesse an einer Anstellung habe. Die BA habe deshalb richtig entschieden.

Die Richter waren der Meinung, dass diese Bewerbung nicht als echte Bewerbung zähle. Der Bewerber habe keine positive Einstellung erkennen lassen. Dies sei aber dem Gesetz nach notwendig. Im Bewerbungsschreiben seien im Gegenteil die Minuspunkte des Bewerbers hervorgehoben worden.

Der Kläger habe zwar geschrieben, dass er eine feste Arbeitsstelle suche. Für die konkrete Stelle verfüge er aber weder über praktische Kenntnisse noch über eine Ausbildung. Außerdem sehe seine Wunschtätigkeit anders aus.

Das Urteil besagt demnach, dass Arbeitslose bei ihrer Bewerbung ein erkennbares Interesse an der jeweiligen Stelle zeigen müssten. Täten sie dies nicht, hätten sie keinen Anspruch auf weitere finanzielle Unterstützung durch die BA.

B. Ordnen Sie die Konjunktiv-Formen in der Tabelle ein.

	Gegenwart	Vergangenheit
Konjunktiv I	*könne,* ...	
Konjunktiv II		

C. Ergänzen Sie – wie in der Urteilsverkündung – die fehlenden Verbformen im Indikativ.

1. Der Arbeitgeber *kann* eine solche Bewerbung nicht ernst nehmen und _____ sogar davon ausgehen, dass der Bewerber gar kein Interesse an einer Anstellung ____. Die BA _____ deshalb richtig entschieden.

2. Diese Bewerbung _____ nicht als echte Bewerbung. Der Bewerber hat keine positive Einstellung erkennen lassen. Dies ____ aber dem Gesetz nach notwendig. Im Bewerbungsschreiben _____ im Gegenteil die Minuspunkte des Bewerbers hervorgehoben worden.
   Der Kläger _____ zwar eine feste Arbeitsstelle. Für die konkrete Stelle _____ er aber weder über praktische Kenntnisse noch über eine Ausbildung. Außerdem _____ seine Wunschtätigkeit anders aus.

3. Arbeitslose _____ bei ihrer Bewerbung ein erkennbares Interesse an der jeweiligen Stelle zeigen. _____ sie dies nicht, _____ sie keinen Anspruch auf weitere finanzielle Unterstützung durch die BA.

F

12 Kurznachrichten

A. Unterstreichen Sie die Verben im Konjunktiv (= indirekte Rede).

0. Nachrichten	**Verdächtiger freigelassen** Achim B., der wegen Betrugs festgenommen wurde, ist wieder auf freiem Fuß. Der Verdacht gegen ihn _sei_ unbegründet _gewesen_, erklärte der zuständige Staatsanwalt.
1. Wirtschaft/ Geld	**Studenten schlecht beraten** Versicherungen beraten Studenten häufig schlecht. Das ist das Ergebnis einer Studie. Die Empfehlungen seien oft unangebracht. So brauche z. B. ein Student, der bei den Eltern wohnt, keine Brandschutz-Versicherung. (...)
2. Feuilleton	**Deutsch-französisches Geschichtsbuch** Der erste Band des ersten deutsch-französischen Geschichtsbuchs ist erschienen. Es sollen zwei weitere Bände folgen. Alle Bände seien für den Schulunterricht in beiden Ländern konzipiert. (...)
3. Sport	**Neue Doping-Fälle** Bei einer Dopingkontrolle wurden mehrere Radrennfahrer positiv getestet. Alle versicherten jedoch, sie hätten keine unerlaubten Mittel eingenommen und wüssten nicht, wie das Ergebnis der Proben zustande gekommen sei.
4. Verkehr	**Autofreier Sonntag** Der Umweltminister hat an alle Autofahrer appelliert, ihr Auto am autofreien Sonntag in der Garage zu lassen. Es gebe genügend Alternativen, z. B. Bahn, Bus, Fahrrad. (...)

B. Ergänzen Sie die Verben im Indikativ.
Sie treffen Freunde und fragen sie: *Habt ihr schon gelesen, ...?*

a. dass der Verdacht gegen Achim B. unbegründet _____?

b. dass die Empfehlungen der Versicherungen oft unangebracht _____? Ein Student, der bei den Eltern wohnt, _____ z. B. keine Brandschutz-Versicherung.

c. dass alle Bände des deutsch-französischen Geschichtsbuchs für den Schulunterricht in beiden Ländern konzipiert _____?

d. dass die Radrennfahrer angeblich keine unerlaubten Mittel eingenommen _____ und nicht _____, wie das Ergebnis der Proben zustande gekommen _____?

e. dass man nächsten Sonntag sein Auto in der Garage lassen soll, weil es genügend Alternativen _____?

G. Verschiedenes

1. Können, kennen oder wissen?

2. Anfang und Ende

3. Buchstabensalat

4. Kurze Antworten mit Modalverben

5. Unregelmäßige Verben in Gruppen

6. *Brauchen* oder *gebrauchen*?

7. *Haben* oder *sein*? – Das ist hier die Frage.

8. Haben Sie das *gekonnt* oder nie verstehen *können*?

9. Bildbeschreibung

10. Zum *Üben*

11. Verben und ihre Vorsilben

12. Mehr Verben mit Vorsilben

13. *Schauen* Sie die Übung mal *durch*, dann *durchschauen* Sie die Übung

14. Die Aufgabe *überspringen* oder warten, bis der Funke *überspringt*

15. Mit dieser Übung *ver-ab-schieden* wir uns

1. Können, kennen oder wissen?

Ergänzen Sie in jeder Teilaufgabe die Verben *können*, *kennen* oder *wissen* im Präsens.

0. Ich _kann_ schon ganz gut Deutsch, aber ich _kenne_ noch zu wenig Deutsche. _Weißt_ du vielleicht, wo man am leichtesten Deutsche kennenlernt?

1. Ich _____ mich hier in der Stadt nicht aus. _____ Sie mir vielleicht ein gutes Restaurant empfehlen? Ich _____ nur, dass es hier in der Nähe mehrere Restaurants geben soll.

2. Ich habe gehört, du _____ den neuen Professor persönlich. _____ du eigentlich, wie alt er ist? Ich _____ mir nicht vorstellen, dass er älter als 40 ist.

3. Meine Assistentin, Frau Keller, _____ welcher ICE nach Berlin fährt. Sie _____ Ihnen auch einen Platz reservieren. Außerdem _____ sie den schnellsten Weg zum Bahnhof.

4. _____ ihr, wie man eine Au-pair-Familie in Deutschland findet? Oder _____ ihr jemanden, der das _____ – Du _____ ja im Internet nachsehen.

5. Wir brauchen Herrn Weininger an unserer Seite: Er _____ hier jeden, er _____ alles und _____ alles organisieren.

2. Anfang und Ende

Ergänzen Sie in dem Dialog die Verben in der Spalte links im Präsens, rechts im Partizip Perfekt.

0. anfangen	Wann _fängt_ der Deutschkurs _an_?	Er hat schon letzte Woche _angefangen_.
1. aufhören	Mit 55 _____ ich _____ zu arbeiten.	Meine Mutter hat schon mit 50 _____.
2. beginnen	Wann _____ das Theaterfestival _____?	Es hat bereits vor drei Tagen _____.
3. beenden	Am besten wir _____ jetzt unseren Streit _____.	Ich dachte, wir hätten ihn schon lange _____.
4. starten	Um wie viel Uhr _____ das Flugzeug?	Es ist pünktlich vor zehn Minuten _____.
5. enden	Die Sitzung _____ normalerweise um 17 Uhr.	Das letzte Mal hat sie aber erst um 18 Uhr _____.
6. angehen	In Bayern _____ die Schule wieder am 15. September _____.	Letztes Jahr ist der Unterricht schon eine Woche früher _____.
7. abschließen	Wann _____ du endlich dein Studium _____?	Aber ich habe es doch im Sommer schon _____!

3. Buchstabensalat

A. Finden Sie 20 Verben im Imperfekt. Alle Richtungen sind erlaubt:

rechts → links   oben → unten   links → rechts   unten → oben   **nicht** diagonal

X	H	Z	J	G	Q	V	E	R	Z	I	E	H	V	C
S	C	H	M	E	C	K	T	E	Ä	F	ß	R	A	W
A	O	I	Y	L	Ö	N	B	J	E	L	T	E	W	M
S	R	T	R	A	W	A	R	F	T	Ü	A	I	C	D
A	F	G	O	N	H	R	P	E	T	E	T	S	O	K
H	D	E	L	G	U	T	R	I	A	S	S	T	H	A
E	N	W	R	I	G	E	I	W	H	C	S	E	U	M
G	A	B	E	H	T	R	U	A	K	O	M	A	S	Z
L	F	A	V	E	R	G	A	ß	O	X	M	H	A	N

B. Ergänzen Sie in der Tabelle Infinitiv → Imperfekt → Partizip Perfekt der 20 Verben:

regelmäßige Verben	unregelmäßige Verben
kosten → kostete → gekostet	kommen → kam → gekommen

4. Kurze Antworten mit Modalverben

Ergänzen Sie in den Antworten das Modalverb im Imperfekt.

0. Du behinderst mit deinem Auto die Einfahrt.	Das _wollte_ ich nicht.	wollen
1. Warum bist du nicht schon früher von zu Hause ausgezogen?	Ich _____ nicht.	dürfen
2. Ich wusste gar nicht, dass du ein Instrument spielst.	Ich _____ wegen meiner Eltern.	müssen
3. Ich werde mich noch genauer informieren.	Das _____ du auch.	sollen Konj. II
4. Hast du deinem Freund endlich die Wahrheit gesagt?	Ich _____ nicht.	können
5. Warum warst du gestern nicht im Training?	Ich _____ nicht.	wollen
6. Gestern bin ich heimlich mit dem Freund meiner besten Freundin im Kino gewesen.	Wie _____ du nur?	können
7. Warum sagst du deinen Eltern nicht Bescheid?	Das _____ ich wohl.	sollen Konj. II
8. Bist du doch noch zum Chef gegangen?	Ich _____ ja.	müssen
9. Meine Eltern haben mir fast alles verboten.	Ich _____ immer alles.	dürfen

5. **Unregelmäßige Verben in Gruppen**

A. Ergänzen Sie in der Tabelle die Imperfekt- und Partizip Perfekt-Formen.

Ordnen Sie zu. Welche Ablaut-Reihe (a-h) *(= Vokalwechsel bei Infinitiv-Imperfekt-Partizip Perfekt)* gehört zu welcher Verbgruppe (1-8)?

a. a-u-a	d. i-a-u	~~g.~~ △-a-o	△ = beliebiger Vokal im Infinitiv
b. e-a-a	e. ie-o-o	h. ⊡-i-⊡	⊡ = Vokal beliebig, aber im
c. ei-i-i	f. △-a-e		Infinitiv + Partizip identisch

1. △-*a-o*
kommen –   *kam* – *gekommen*
treffen – _____ – _____
gewinnen – _____ – _____
B. *beginnen* _____
_____

2. _____
singen – _____ – _____
finden – _____ – _____
trinken – _____ – _____
B. _____

3. _____
schreiben – _____ – _____
leihen –   _____ – _____
streiten – _____ – _____
B. _____

4. _____
sitzen – _____ – _____
liegen – _____ – _____
lesen – _____ – _____
B. _____

5. _____
fahren – _____ – _____
tragen – _____ – _____
wachsen – _____ – _____
B. _____

6. _____
fallen – _____ – _____
laufen – _____ – _____
rufen – _____ – _____
B. _____

7. _____
denken – _____ – _____
nennen – _____ – _____
rennen – _____ – _____
B. _____

8. _____
bieten –   _____ – _____
fliegen –   _____ – _____
schließen – _____ – _____
B. _____

B. Ordnen Sie die Verben den Verbgruppen (1-8) zu.

~~beginnen~~	einladen	halten	leiden	schlagen	springen
bitten	fließen	heißen	nehmen	schneiden	verbinden
bleiben	geben	helfen	riechen	sehen	verlieren
brennen	gelingen	kennen	schlafen	senden	waschen

6. Brauchen oder gebrauchen?

A. Ergänzen Sie die Verben im Präsens.

hören / gehören

0. Weißt du, was ich gerade im Radio *gehört* habe? Morgen soll es schneien! – Das weiß ich schon. Ich _*höre*_ doch auch jeden Tag Radio.

Ist das dein BMW? – Ja, der _*gehört*_ mir, aber früher hat er meinen Eltern *gehört*. Sie haben ihn mir vor Kurzem geschenkt.

brauchen / gebrauchen

1. Mein Sohn könnte ein neues Fahrrad _____. Das alte, das wir *gebraucht* gekauft haben, ist nach zwei Jahren kaputtgegangen.

Ich _____ dringend Geld. – Wieso? Letzten Monat habe ich dir doch schon 1000 Euro geliehen! – Ja, aber ich habe viel Geld für meine neue Wohnung *gebraucht*.

fallen / gefallen

2. Weil vor einem Monat der Ölpreis drastisch *gefallen* ist, _____ jetzt endlich auch die Preise für Benzin.

Das Buch *Die Entdeckung der Currywurst* von Uwe Timm hat mir gut *gefallen*. Hoffentlich _____ es dir auch.

raten / geraten

3. Meine Freundin ist schon wieder an den falschen Mann *geraten*. Leider _____ sie immer an die falschen Männer.

Meine Freunde haben mir damals *geraten*, im Ausland zu studieren. Das war die richtige Entscheidung und ich _____ dir, dasselbe zu tun.

stehen / gestehen

4. Vor Gericht hat der Angeklagte seine Tat *gestanden*. Leider ist es nicht die Regel, dass ein Angeklagter seine Tat _____.

Wo _____ eigentlich mein Fahrrad? Es hat doch vor zehn Minuten noch vor der Tür *gestanden*.

B. Ergänzen Sie die Formen in der Tabelle.

Infinitiv	Präsens		Partizip Perfekt
brauchen	ich _____	er _____	_____
gebrauchen	ich _____	er _____	_____
fallen	ich _____	er _____	_____
gefallen	ich _____	er _____	_____
hören	ich _*höre*_	er _*hört*_	_*gehört*_
gehören	ich _____	er _____	_____
raten	ich _____	er _____	_____
geraten	ich _____	er _____	_____
stehen	ich _____	er _____	_____
gestehen	ich _____	er _____	_____

G

7. *Haben* oder *sein*? – Das ist hier die Frage.

Bei den folgenden Verben wird je nach Bedeutung das Perfekt entweder mit *haben* oder mit *sein* gebildet. Ergänzen Sie die passende Form von *haben* oder *sein*.

ausziehen • biegen • brechen • fahren • heilen • landen • reißen • schmelzen
stoßen • treten • trocknen • verderben • ziehen

0. Wir _sind_ nicht mit dem Auto, sondern mit dem Zug nach Wien *gefahren*.	_Hast_ du Oma schon nach Hause *gefahren*?
1. Kinder, _____ ihr euch die Haare richtig *getrocknet*?	So schnell wie heute _____ die Wäsche noch nie *getrocknet*.
2. Leider _____ sie niemand von ihrer Kaufsucht *geheilt*. Sie hat überall Schulden gemacht.	Zum Glück _____ die Wunde schnell *geheilt*. Ich kann schon wieder Fußball spielen.
3. Am selben Tag, an dem der Skandal bekannt wurde, _____ der Firmensprecher vor die Presse *getreten*.	Unser Daniel _____ im Kindergarten schon wieder andere Kinder *getreten*. Was sollen wir nur tun?
4. Das schlechte Wetter im Urlaub _____ uns nicht die gute Laune *verdorben*.	Wegen der großen Hitze _____ unser ganzes Obst *verdorben*. Jetzt müssen wir es wegwerfen.
5. Auf der letzten Sitzung der Geschäftsleitung _____ unser Vorschlag, mit einer größeren Firma zu fusionieren, auf Widerstand *gestoßen*.	Ich habe schon wieder einen blauen Fleck am Bein, weil ich mich an der Tischkante *gestoßen* _____.
6. Meine Freundin hat einen tollen Job in den USA gefunden. Deshalb _____ sie nach New York *gezogen*.	Der Zahnarzt _____ mir gestern einen Zahn *gezogen*. Jetzt habe ich eine dicke Backe.
7. Meine Nähmaschine scheint kaputt zu sein. Beim Nähen _____ mir dauernd der Faden *gerissen*.	Nachdem er den Brief gelesen hatte, _____ er ihn vor Wut in tausend Stücke *gerissen*.
8. Auf ihn kann man sich wirklich verlassen. Er _____ noch nie sein Wort *gebrochen*.	Sehen Sie sich die Röntgen-Aufnahmen an. Der Fuß _____ leider *gebrochen*.
9. Der Regenschirm funktioniert wieder. Wir _____ ihn vorsichtig wieder gerade *gebogen*.	Deine Eltern sind da. Sie _____ gerade mit ihrem blauen Auto um die Ecke *gebogen*.
10. Ihr habt leider mit eurem Nachtisch zu lange gewartet. Jetzt _____ das Eis bereits *geschmolzen*.	Der Fernsehkoch _____ zuerst die Butter in der Pfanne *geschmolzen*, dann Mehl hineingerührt und ...
11. Wir _____ in München *gelandet*. Die Ortszeit beträgt 7:20 Uhr. Bitte bleiben Sie auf Ihren Plätzen sitzen, bis die Anschnallzeichen erloschen sind.	Gestern gab es Sturmwarnung beim Anflug auf Hamburg, aber der Pilot _____ das Flugzeug trotzdem sicher *gelandet*.
12. Ich _____ mit 18 von zu Hause *ausgezogen*, weil ich mit einer Freundin eine billige Wohnung gefunden hatte.	Ich _____ mein Sakko *ausgezogen*. Mir war zu warm.

8. Haben Sie das *gekonnt* oder nie verstehen *können*?

Welches Modalverb oder Verb passt in die Lücke? Bilden Sie das Partizip Perfekt.

> dürfen • können • mögen • müssen • sollen • wollen • brauchen • lassen

0. Wenn sie __*gekonnt*__ hätte, wäre sie sicher zum Fest gekommen. Dann hättest du sie endlich kennenlernen __*können*__.

1. Als Kind habe ich nie allein auf den Spielplatz _____.

2. Der Handwerker hätte besser aufpassen _____, dann wäre unser Sofa nicht beschädigt worden.

3. Der gestrige Sturm hat den ganzen Garten verwüstet. Wir haben nichts dagegen tun _____.

4. Für den Kuchen hätte ich noch 3 Eier _____. Leider hatten wir keine mehr.

5. Die Nachbarn haben ihren Hund das ganze Wochenende allein zu Hause _____.

6. Nach den vielen Fahrstunden hätte er die Führerscheinprüfung auf Anhieb bestehen _____.

7. Ich habe mein Handy im Auto liegen _____.

8. Nein danke, ich esse keinen Spinat. Ich habe Spinat noch nie _____.

9. Ich kann jetzt 25 Meter weit tauchen. Das habe ich früher nie _____.

10. Du hast ja die Jacke unbedingt haben _____! Jetzt musst du sie auch tragen.

11. Unser Auto hätte schon vor zwei Monaten zum TÜV[1] _____. Lass dir bitte möglichst bald einen Termin geben.

12. Noch mit 16 habe ich abends nicht in die Disco gehen _____.

13. Sie hätte die Prüfung sicher bestanden, wenn sie nur _____ hätte.

14. Du hättest nicht extra zu kommen _____. Wir haben schon alle Kisten in den Keller getragen.

---

[1] Technischer Überwachungsverein = TÜV

9. Bildbeschreibung

A. Was zeigen die Bilder? Antwort a oder b? In 3 Aufgaben sind beide Antworten richtig.

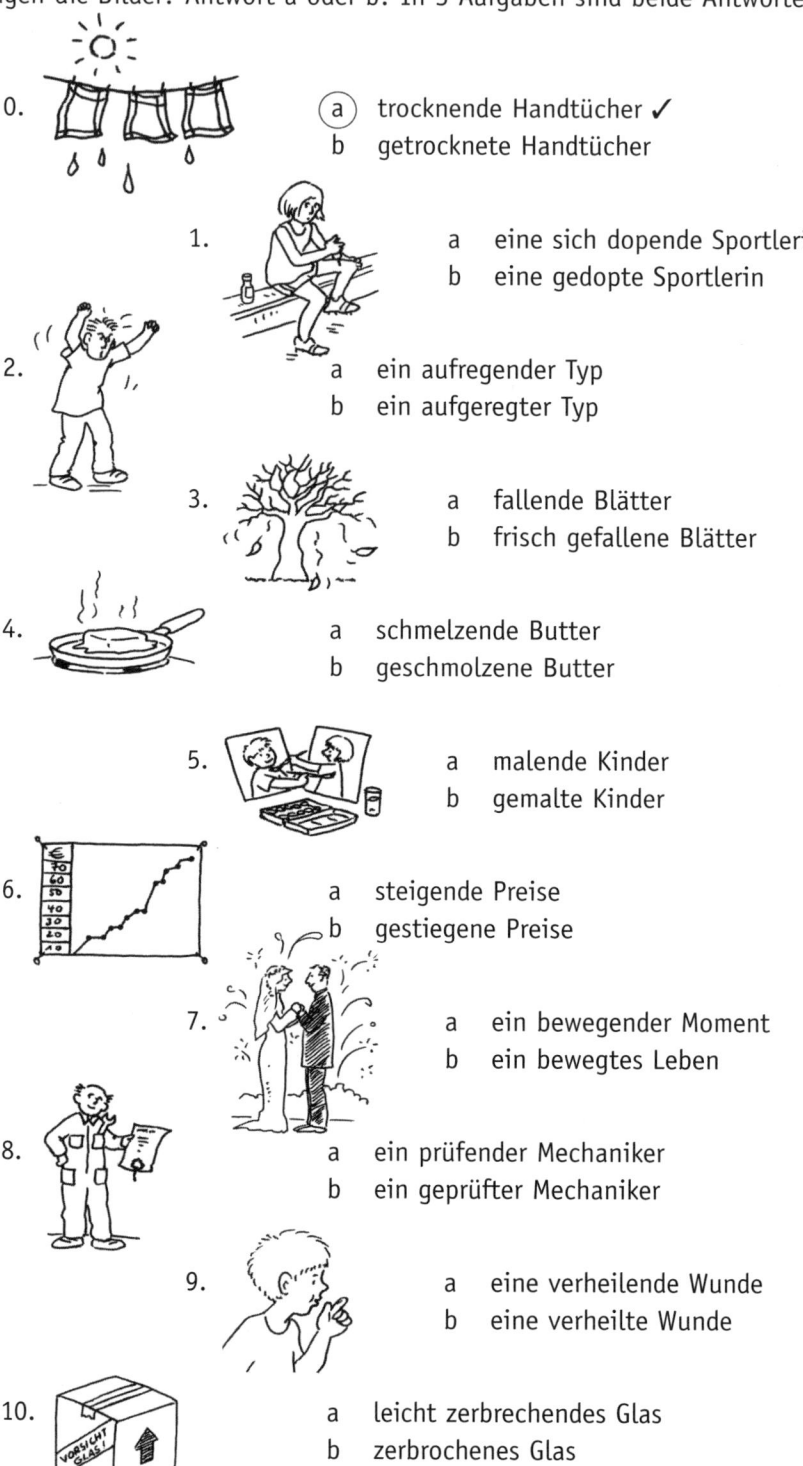

0.　　(a) trocknende Handtücher ✓
　　　　b　getrocknete Handtücher

1.　　a　eine sich dopende Sportlerin
　　　　b　eine gedopte Sportlerin

2.　　a　ein aufregender Typ
　　　　b　ein aufgeregter Typ

3.　　a　fallende Blätter
　　　　b　frisch gefallene Blätter

4.　　a　schmelzende Butter
　　　　b　geschmolzene Butter

5.　　a　malende Kinder
　　　　b　gemalte Kinder

6.　　a　steigende Preise
　　　　b　gestiegene Preise

7.　　a　ein bewegender Moment
　　　　b　ein bewegtes Leben

8.　　a　ein prüfender Mechaniker
　　　　b　ein geprüfter Mechaniker

9.　　a　eine verheilende Wunde
　　　　b　eine verheilte Wunde

10.　　a　leicht zerbrechendes Glas
　　　　b　zerbrochenes Glas

10 Zum *Üben*

Ergänzen Sie das passende Verb als Nomen.

0. Gestern sind wir von unseren Nachbarn zum _Essen_ eingeladen worden. _c_

1. Beim _____ kann ich keine Musik hören, weil ich mich dann nicht konzentrieren kann. ___

2. Zum _____ gehen Sie bitte vor die Tür, ich bin nämlich Nichtraucherin. ___

3. In _____ bin ich nicht so gut, dafür in Deutsch und in Sport. ___

4. Ich bin heute Nachmittag mit Freunden zum _____ verabredet. Wir fahren zum Feringasee. Kommst du mit? ___

5. Beim _____ habe ich mir an beiden Füßen Blasen geholt. Das liegt wahrscheinlich an meinen neuen Bergschuhen. ___

a. lernen
b. wandern
c. essen
d. rauchen
e. rechnen
f. baden

6. Mit dem _____ eines japanischen Romans hat meine Freundin viel Geld verdient. ___

7. Beim _____ kommen mir immer die besten Ideen. Die schreibe ich dann gleich in mein Tagebuch. ___

8. Die Zwillinge sehen sich zum _____ ähnlich. Außerdem sind sie immer gleich gekleidet und tragen dieselbe Frisur. ___

9. In der U-Bahn habe ich beim _____ meinen Schal verloren. Leider wurde noch nichts im Fundbüro abgegeben. ___

10. Dieses Mal fährst du zum _____, denn du hast das Auto auch am häufigsten benutzt. ___

g. spazieren gehen
h. tanken
i. übersetzen
j. umsteigen
k. verwechseln

11. Mit dem _____ habe ich wegen meiner Knieprobleme leider aufhören müssen. ___

12. Seit ich vierzig bin, brauche ich zum _____ eine Brille. ___

13. Abends vor dem _____ trinkt meine Oma immer ein Glas Milch. ___

14. Nach dem _____ kommt ihr bitte direkt nach Haus und macht eure Hausaufgaben. ___

15. Ich komme gerade nicht zum _____, weil ich mein Geld für alles Mögliche ausgebe und nicht so viel verdiene. ___

l. schlafen gehen
m. lesen
n. Ski fahren
o. spielen
p. sparen

11. Verben und ihre Vorsilben

Ergänzen Sie beim Partizip Perfekt die fehlende(n) Vorsilb(e)n +/- ge.

0. Gestern ist die Schauspielerin Elisabeth Volkmann gestorben.
   Hast du sie _ge_kannt?

1. Dem Radprofi wurde der Sieg bei der Tour de France _____kannt,
   weil er gedopt war. Der Titel wurde dem Zweitplazierten nachträg-
   lich ____kannt.

2. Ich habe meinen alten Lehrer kaum _____kannt, weil er jetzt
   Brille und Bart trägt.

3. Wir haben den neuen Mitarbeiter vollkommen ____kannt. Am
   Anfang wirkte er sehr schüchtern und unerfahren, vor Kurzem ist er
   unser Chef geworden.

4. Gerade lief eine Frau mit großer Brille und Hut vorbei. Hast du sie
   ____kannt? Das war doch Madonna!

| aberkennen |
| erkennen |
| ~~kennen~~ |
| verkennen |
| wiedererkennen |
| zuerkennen |

5. Hast du nach dem Frühstück die Milch und die Butter wieder in
   den Kühlschrank ____stellt?

6. Erst vor einem Monat hat sich in unserer Firma eine neue
   Praktikantin _____stellt. Gestern wurde sie fest _____stellt,
   weil sie wirklich gute Arbeit leistet.

7. Gestern früh hat eine Kundin bei mir fünfmal dasselbe Buch
   ____stellt, mittags hat sie weitere fünf Bücher ____stellt. Heute
   Morgen hat sie dann angerufen und alle zehn Bücher wieder
   ____stellt.

8. Ist die Uhr ____stellt? Es müsste doch schon zehn sein. - Nein,
   heute Nacht wurde auf die Winterzeit ____stellt. Ich habe heute
   früh schon alle Uhren um eine Stunde _____stellt.

9. Ist die Teilnehmerliste für das Seminar schon ____stellt worden?

| abbestellen |
| anstellen |
| bestellen |
| erstellen |
| nachbestellen |
| stellen |
| umstellen |
| verstellen |
| vorstellen |
| zurückstellen |

10. Wer hat das neue Münchner Fußballstadion ____baut? – Die
    Architekten Herzog & de Meuron.

11. Nach dem Krieg wurden in München zahlreiche zerstörte Gebäude
    entweder abgerissen oder _____baut.

12. Die Skyline von Dresden mit Frauenkirche und Zwinger ist leider
    durch einige Hochhäuser ____baut worden.

13. Hast du schon gesehen? Das Grundstück gegenüber wird jetzt
    endlich ____baut.

14. Bereits im August werden in München die Bierzelte für das
    Oktoberfest ____baut.

15. Die Brooklyn Bridge wurde von einem Deutschen ____baut.

16. Vor fünf Jahren wurde das Hotel Adlon in Berlin für viele Millionen
    Euro ____baut.

| aufbauen |
| bauen |
| bebauen |
| erbauen |
| umbauen |
| verbauen |
| wiederaufbauen |

12 Mehr Verben mit Vorsilben

A. Welches Partizip passt: a, b oder c?

1. In unserer Stadt sind in den letzten Monaten die Arbeitslosen-
zahlen wieder gestiegen, auch weil eine große Firma 200 Leute
entlassen hat. Immer mehr Familien mit Kindern haben deshalb
die Stadt _____, weil für viele das Leben in der Stadt zu
teuer wurde. Die Politiker haben es leider _____, rechtzeitig Maßnahmen
dagegen einzuleiten.

a. ~~entlassen~~
b. unterlassen
c. verlassen

2. Im letzten Urlaub sind wir von einer Minute auf die andere in eine
Notlage _____: Uns wurde auf der Straße eine Tasche mit
allen Wertsachen gestohlen. Glücklicherweise war ein nettes
Ehepaar in der Nähe, das mit uns _____ hat, was nun zu
tun sei. Schließlich hat die Frau uns noch die Adresse eines schönen Hotels
_____, sodass wir die letzten Urlaubstage doch noch genießen konnten.

d. beraten
e. verraten
f. geraten

3. Gestern war ich beim Orthopäden und habe ihm meine Schmerzen
kurz _____. Er hat sofort eine Diagnose gestellt und mir
ein Medikament _____. In der Apotheke haben sie mir
aber das Medikament nicht gegeben, weil das Rezept nicht
_____ war.

g. unterschrieben
h. beschrieben
i. verschrieben

4. Unbekannte Täter haben am Wochenende im Hausser-See mehrere
Liter giftige Chemikalien _____. In manchen Gegenden
kann deshalb das Trinkwasser verseucht sein. Die Wasserwerke
haben die betroffenen Bewohner sofort mit frischem Trinkwasser
_____. Einige Bewohner haben sich zusätzlich im Supermarkt einen Vorrat an
Wasser _____.

j. entsorgen
k. versorgen
l. besorgen

5. Der Wissenschaftler hat sich über Jahre mit der Genese der
Zebrafischchen _____. In dieser Zeit hat er große Mengen
von Daten _____ und ausgewertet. Während seiner
Untersuchungen hat er immer wieder Artikel über den Stand der
Forschung _____, die in der angesehenen Zeitschrift *Nature* abgedruckt wurden.

m. verfasst
n. erfasst
o. befasst

6. Gestern habe ich einen alten Freund wiedergetroffen. Ich habe ihn
sofort an seinem Lachen _____. Aber er hat mich über-
haupt nicht _____. Er ist mittlerweile erfolgreicher
Manager einer großen Firma. Zu Schulzeiten hätte ich mir das nicht
vorstellen können. Ich habe ihn wohl damals vollkommen _____.

p. erkannt
q. wiedererkannt
r. verkannt

B. Es gibt zwei Gruppen von Verben, ordnen Sie zu:

Gruppe 1: Infinitiv = Partizip Perfekt   *Gruppe 2:* Infinitiv ≠ Partizip Perfekt

13▸ *Schauen* Sie die Übung mal *durch*, dann *durchschauen* Sie die Übung

A. Ergänzen Sie die passende Verbform: Aufgaben 1–5: Verb im Präsens, Aufgaben 6–8: Verb im Partizip Perfekt. Achten Sie darauf, ob das Verb trennbar oder untrennbar ist.

0. Der Roman *spiegelt* in Teilen das Leben des Autors *wider*. | *widerspiegeln*

1. Niemand _____ unserem Chef ernsthaft _____, weil er sonst wütend wird und alle anschreit. | *widersprechen*

2. Die Ärzte _____ ihren Streik schon seit Monaten _____. Sie wollen unbedingt ihre Arbeitsbedingungen verbessern. Vielleicht _____ sie mit ihren Forderungen _____. | *durchhalten* / *durchkommen*

3. Wenn ich nicht zu Hause bin, _____ meine Kinder manchmal die Wände ihres Zimmers _____. | *vollmalen*

4. Wenn unsere Fußballspieler Tore schießen, _____ sie richtige Freudensprünge _____. | *vollführen*

5. Die Künstlergruppe in der Neuen Akademie _____ fast jede Woche ein neues Kunstwerk _____. | *vollenden*

6. Wir haben am Stadtrand ein Haus gekauft, es ist von Wiesen und Wäldern _____. Vor einem Monat sind wir _____, nachdem die Handwerker das Haus für uns in drei Monaten _____ hatten. | *umgeben* / *umziehen* / *umbauen*

7. Gestern hat unser Junior-Chef offiziell die Firma von seinem Vater _____. | *übernehmen*

Das hat niemanden _____, weil die Arbeit den Senior-Chef schon lange _____ hat. Die Firma steht im Moment vor großen finanziellen Problemen. Anscheinend hat ein Angestellter viel Geld _____ und ist dann mit dem Geld irgendwo in Spanien _____. Die ganze Angelegenheit wird gerade von der Kriminalpolizei _____. | *überraschen* / *überfordern* / *unterschlagen* / *untertauchen* / *untersuchen*

8. Letztes Jahr haben meine Freundin und ich eine schöne Reise nach Österreich _____. Wir waren in tollen Hotels _____ und haben bis spät an der Bar gesessen und uns mit interessanten Gästen _____. | *unternehmen* / *unterbringen* / *unterhalten*

B. Ordnen Sie die Verben nach dem Wortakzent:
   Trennbare Verben   Wortakzent auf der Vorsilbe: w**i**derspiegeln
   Untrennbare Verben   Wortakzent auf Verbstamm: widerspr**e**chen

14 **Die Aufgabe *überspringen* oder warten, bis der Funke *überspringt*?**

A. Ergänzen Sie das Partizip Perfekt +/- *ge*.

---

0. durchkämmen / durchkämmen

a. Nach der Flucht eines Häftlings aus der Strafanstalt Straubing hat die Polizei die gesamte Gegend mit Suchhunden _*durchkämmt*_ . Innerhalb kurzer Zeit wurde der Entflohene gefasst.

b. Wie sehen denn die Kinder aus! Sie haben sich nicht einmal die Haare *durchgekämmt*!

---

1. übertreten / übertreten

a. Mein Sohn hat doch noch einen guten Notendurchschnitt geschafft und ist nach der Grundschule aufs Gymnasium _____.

b. Im Skilager war es verboten zu rauchen oder zu trinken. Trotzdem haben einige Jugendliche dieses Verbot _____ und wurden sofort nach Hause geschickt.

---

2. umgehen / umgehen

a. Peter und Claudia haben sich jetzt endlich scheiden lassen. Sie haben sich am Ende nur noch gestritten und angeschrien. Es war wirklich schrecklich, wie sie miteinander _____ sind.

b. Die ersten Ehejahre liefen ganz gut. Aber ich glaube, die eigentlichen Probleme haben die beiden viel zu lange _____. Da war ihre Ehe schon nicht mehr zu retten.

---

3. umschreiben / umschreiben

a. In der mündlichen Prüfung hat der Kandidatin öfter mal ein deutsches Wort gefehlt. Dann hat sie das mit anderen Wörtern _____, sodass keine zu langen Pausen entstanden sind.

b. Im Teil „Schriftlicher Ausdruck" ist sie nicht fertig geworden, weil sie ihren Text mehrmals _____ hat.

---

4. unterstellen / unterstellen

a. Wir haben seit kurzem Probleme mit unseren Nachbarn. Sie haben uns _____, dass wir jeden Morgen ihre Zeitung aus dem Briefkasten nehmen. Dabei haben wir doch selbst eine Zeitung abonniert.

b. Gestern wären wir auf unserer Fahrrad-Tour fast in ein Gewitter gekommen. Wir haben aber gerade noch rechtzeitig einen Bauernhof gefunden. Dort haben wir uns dann _____, bis das Gewitter vorbei war.

5. wiederholen / wiederholen

    a. Wie bitte? Tom, der nie seine Schulden zurückzahlt, hat sich von dir Geld geliehen. Ich hätte mir das Geld bei der nächsten Gelegenheit _____.

    b. Hör doch mal zu! Ich _____ (Präsens) es gern noch einmal: Du solltest dir möglichst bald dein Geld zurückholen!

B. Markieren Sie den Wortakzent

    Wortakzent auf der Vorsilbe: **du**rchgekämmt

    Wortakzent auf Verbstamm: durchgek**ä**mmt

◆15◆ Mit dieser Übung *ver-ab-schieden* wir uns

Ergänzen Sie die fehlenden Verben im Partizip Perfekt.

0. Unser Haus ist in zehn Jahren _*abbezahlt*_, wenn wir weiterhin jeden Monat 2000 Euro Kredit zurückzahlen.

    abbezahlen

1. Wir haben uns leider _____. Wir waren Donnerstag um 14 Uhr _____, nicht Mittwoch. Hoffentlich hat das keine Probleme _____.

    missverstehen
    verabreden
    verursachen

2. Meine Freundin hat ein Stipendium für einen Studienaufenthalt in Deutschland _____ und tatsächlich bekommen. Vorgestern haben wir hier ein Abschiedsfest für sie _____. Gestern wurde sie dann von Ihrer Familie am Flughafen _____.

    beantragen
    veranstalten
    verabschieden

3. Für morgen ist eine außerordentliche Sitzung _____, die der Chef persönlich _____ hat. Ich weiß auch schon, worum es geht:

    anberaumen
    veranlassen

    Frau Huber hat mir _____, dass viele Kollegen gegen das Rauchen in den Büroräumen _____ haben, weil sie sich dadurch bei der Arbeit _____ fühlen. Ein Raucher und eine Nicht-Raucherin wurden vom Chef _____, um für ihre Gruppe zu sprechen. Außerdem soll die Kantine renoviert und neu _____ werden und das Firmen-Jubiläum muss _____ werden.

    anvertrauen
    aufbegehren
    beeinträchtigen
    auserwählen
    ausgestalten
    vorbereiten

4. Für die Neugestaltung des Gartens wurde eine Summe von 3300 Euro _____. Das war uns zuviel, deshalb haben wir die teuren Steinfließen _____.

    veranschlagen
    abbestellen

Lösungen

A. Alltag

A 1 1. beschließt 2. heizt 3. unterstützt 4. wächst 5. liest 6. besitzt 7. küsst 8. verreist
9. schließt 10. grüßt 11. vergisst 12. verwechsle 13. sammle 14. handle

A 2 1a / 2b / 3a / 4a / 5b / 6a / 7b / 8a

A 3 **A.** 1. muss ausgepackt werden 2. müssen abgewaschen, abgetrocknet und aufgeräumt
werden 3. muss ausgeschaltet und ausgeräumt werden 4. muss geputzt werden
5. müssen in den Keller getragen werden 6. muss weggebracht werden 7. müssen bei
60 Grad gewaschen werden 8. Brot muss geholt werden 9. müssen besorgt werden

B. 1. ist *bestimmt noch nicht* ausgepackt. 2. sind ... abgewaschen, abgetrocknet und
weggeräumt. 3. ist ... ausgeschaltet und ausgeräumt. 4. ist ... geputzt.
5. sind ... in den Keller getragen worden. 6. ist ... weggebracht worden. 7. sind ...
gewaschen worden. 8. ist ... geholt worden. 9. sind ... besorgt worden.

C. 1. packt *gerade* die Einkaufstüte aus. / hat die Einkaufstüte *schon längst* ausgepackt.
2. wäscht und trocknet gerade die Töpfe ab und räumt sie weg. / hat ... abgewaschen,
abgetrocknet und weggeräumt. 3. schaltet und räumt die Spülmaschine gerade aus. /
hat ... ausgeschaltet und ausgeräumt. 4. putzt gerade die Küche. / hat ... geputzt.
5. trägt gerade die leeren Kisten in den Keller. / hat ... in den Keller getragen.
6. bringt das Altpapier gerade weg. / hat ... weggebracht. 7. wäscht gerade die
Handtücher. / hat ... gewaschen. 8. holt gerade Brot. / hat ... Brot geholt.
9. besorgt gerade die Medikamente für Oma. / hat ... besorgt.

A 4 1. hatte – tut ... weh 2. verloren – spielen 3. wusste – fällt ... ein 4. kam – schickt
5. hieß – steht 6. gab – kostet 7. traf – laufen

A 5 **A.** 1g / 2i / 3j / 4b / 5e / 6d / 7f / 8k / 9c / 10h

B. 1. Als es noch kein Handy gab, war man nicht immer und überall zu erreichen.
2. Als es noch keine Waschmaschine gab, kostete das Waschen viel Zeit. / hat das
Waschen viel Zeit gekostet. 3. Als es noch keine Spülmaschine gab, wusch man mit
der Hand ab. / hat man mit der Hand abgewaschen. 4. Als es noch keinen Strom gab,
brauchte man viele Kerzen. / hat man viele Kerzen gebraucht. 5. Als es noch keine
Autos gab, ging man zu Fuß oder fuhr Fahrrad. / ist man zu Fuß gegangen oder
Fahrrad gefahren. 6. Als es noch keine Flugzeuge gab, verreiste man nicht schnell
mal. / ist man nicht schnell mal verreist. 7. Als es noch kein Internet gab, brauchte
man die Bibliotheken öfter. / hat man die Bibliotheken öfter gebraucht. 8. Als es
noch keinen Kühlschrank gab, musste man jeden Tag frische Lebensmittel einkaufen
gehen. / hat man jeden Tag frische Lebensmittel einkaufen (gehen) müssen. 9. Als es
im Haus noch kein fließendes Wasser gab, konnte man nicht jeden Tag duschen. / hat
man nicht jeden Tag duschen können. 10. Als es noch keine Zentralheizung gab,
musste man mit Holz und Kohle heizen. / hat man mit Holz und Kohle heizen müssen.

A 6   1. die Medikamente ab*zu*holen? – Die Medikamente sind schon längst abgeholt.
2. das Fahrrad ab*zu*schließen? – Das Fahrrad ist schon längst abgeschlossen.
3. das Geschirr ein*zu*räumen? – Das Geschirr ist schon längst eingeräumt. 4. die Küche
auf*zu*räumen? – Die Küche ist schon längst aufgeräumt. 5. die Rechnungen *zu*
bezahlen? – Die Rechnungen sind schon längst bezahlt. 6. den neuen Pass *zu*
beantragen? – Der neue Pass ist schon längst beantragt. 7. uns zum Tango-Kurs
an*zu*melden? – Wir sind doch schon längst zum Tango-Kurs angemeldet. 8. für unseren
Urlaub ein Zelt *zu* organisieren? – Für unseren Urlaub ist schon längst ein Zelt
organisiert. 9. unsere Kinder an meinen Geburtstag *zu* erinnern? 10. unserer Putzfrau
den Urlaub *zu* genehmigen? 11. dich bei den Nachbarn für den Lärm gestern *zu*
entschuldigen? 12. dich von deinem Chef *zu* verabschieden?

A 7   *An Ihrer Stelle würde ich ... / Sie könnten ... / Sie sollten ...*
1. ... Versicherungen, die Wohnungen besitzen, anrufen oder anschreiben.
2. ... Zettel mit „Suche Wohnung" in die Briefkästen interessanter Wohnhäuser werfen.
3. ... Bekannte fragen. 4. ... im Intranet Ihrer Firma eine Anzeige veröffentlichen.
5. ... die Internetseiten von Immobilienmaklern durchsehen. 6. ... Todesanzeigen lesen
und die Adressen aufsuchen. 7. ... beim Stadtbummel auf leere Wohnungen achten.
8. ... in Geschäften nachfragen. 9. ... in Einkaufszentren Zettel mit „Suche Wohnung"
aufhängen.

A 8   **A.** 1eE / 2aA / 3dC / 4cG / 5bD / 6gB

B. 1. Wenn ich esse, bekomme ich oft ...   2. Wenn ich jogge, habe ich ständig ...
3. Als ich vom Fahrrad abgestiegen bin, habe ich ...   4. Wenn ich schlucke, tut mir ...
5. Wenn ich Tennis spiele, habe ich ...   6. Wenn ich (mir die) Zähne putze, bekomme
ich immer ...

A 9   1. umgezogen – geändert 2. ausgestellt – überwiesen 3. geheiratet – übersetzt –
vorgelegt 4. vergrößert – geprüft – genehmigt 5. angeschafft – bezahlt –
abgeschlossen 6. abgelehnt – gegangen – beschwert

A10   1. Die Radio- und Fernsehgeräte müssen abgemeldet werden. 2. Der Fernseher muss
zum Wertstoffhof gebracht werden. 3. Der CD-Spieler muss entsorgt werden. 4. Der
DVD-Player muss zum Verkauf angeboten werden. 5. Das Radio muss im Keller ver-
steckt werden. 6. Der Telefonanschluss muss gekündigt werden. 7. Der Handy-Vertrag
muss aufgelöst werden. 8. Der Computer muss verschenkt werden. 9. Die Playstation®
muss im Jugendzentrum abgegeben werden. 10. Dafür muss eine Zeitung abonniert
werden.

A11   **A.** 2. Angestellte 3. Profifußballer 4. Kanzlerin 5. Hund 6. Baby

B. 1. (...) Lea **hat** viel zu lange geschlafen, weil ihre Mutter sie nicht wie sonst um
sieben geweckt **hat**. Deswegen **hat** sie auch kaum etwas gefrühstückt und auch kein
Radio gehört. Für die Englischklausur **hat** sie noch schnell die Vokabeln wiederholt. In
nur 10 Minuten **hat** sie sich geduscht und angezogen. Wegen einer Kleinigkeit **hat** sie

sich kurz mit ihrer Mutter gestritten. Um 10 Minuten vor acht **ist** sie aus dem Haus gegangen und mit dem Fahrrad in die Schule gerast.

2.Karin Blum hatte eine schlechte Nacht. Sie **hat** nämlich nur bis halb fünf geschlafen, die Alarmanlage eines Autos **hat** sie aufgeweckt. Zuerst **hat** sie kalt geduscht, denn für warmes Wasser war es noch zu früh. Danach **hat** sie sich geschminkt. Als sie ihr neues Kleid angezogen **hat**, ist der Reißverschluss kaputtgegangen. Gefrühstückt **hat** sie gar nicht, nur schwarzen Kaffee getrunken, weil sie nicht eingekauft hatte. Um den Tag noch zu retten, **ist** sie schon um sechs in die Arbeit gefahren. Dort **hat** sie gleich den Computer gestartet und E-Mails beantwortet.

3.Pidilski, Fußballer, **hat** tief und fest geschlafen. Um 6 Uhr **ist** er aufgewacht, weil sein Handy geklingelt **hat**. Wie jeden Morgen **hat/ist** er zuerst 10 Runden im Park gejoggt. Auf dem Rückweg **hat** er schnell in einem kleinen Café gefrühstückt. Dann **ist** er mit dem Motorrad zum Training gefahren. Dort **hat** er mit seiner Mannschaft 3 Stunden trainiert. Nach dem Training **hat** ihn sein Physiotherapeut 10 Minuten massiert.

5.Bello **hat** nicht so lange geschlafen, denn sein Magen **hat** geknurrt. Als erstes **hat** er sein Frauchen, die Hundefutter-Büchsenöffnerin, aufgeweckt, indem er ihre Füße abgeschleckt **hat**. Sobald sie die Augen aufgemacht **hat**, **hat** er freudig mit dem Schwanz gewedelt und am Teppich geschnüffelt. Frauchen **hat** natürlich seine „Hundegesten" verstanden und ist mit ihm in den Park gegangen. Kaum waren sie wieder zu Hause, **hat** sie die Büchse mit dem Hundefutter geöffnet und Wasser hingestellt. Bello **hat** dann in 30 Sekunden alles aufgefressen und einen Napf Wasser ausgesoffen.

C. Bitten Sie eine Person, die gut Deutsch spricht, ihre Texte zu korrigieren.

D.

Verben	regelmäßig		unregelmäßig
	ge-xxx-(e)t	xxx-(e)t	ge-xxx-en
einfach	geweckt, gefrühstückt, gerast, gehört, geduscht, geschminkt, gestartet, geklingelt, gejoggt, gespielt, geknurrt, gewedelt, geschnüffelt, gespuckt, gelacht, geweint, gewickelt	trainiert, massiert, telefoniert, regiert	geschlafen, gestritten, gegangen, gefahren, gelesen, geschrien, getrunken
trennbar	aufgeweckt, aufgewacht, abgeholt, abgeschleckt, aufgemacht, hingestellt	---	angezogen, aufgefressen, ausgesoffen
untrennbar	---	wiederholt, beantwortet	verstanden

A12 0. unverheiratet – alleinstehend 1. alleinerziehend 2. verliebt 3. verlobt 4. verheiratet 5. verpartnert 6. getrennt lebend 7. geschieden 8. verwitwet

B. Mitmenschen

B 1 **A.** 1. *Iss* mal Hamburger zum Frühstück. 2. *Gib* mir mehr Taschengeld. 3. *Räum* nicht ständig die Wohnung auf. 4. *Lass* mich nicht ständig mein Zimmer aufräumen. 5. *Kauf* mal mehr Süßigkeiten. 6. *Hör* mal weniger Nachrichten, dafür mehr Musik. 7. *Zieh dich* mal moderner an. 8. *Schick* mich abends nicht so früh ins Bett. 9. *Lies* öfter spannende und lustige Geschichten vor. 10. *Erzähl* mal von früher. 11. *Geh* öfter mit mir ins Kino. 12. *Verbring* einfach mehr Zeit mit mir.

B. 1. Esst 2. Gebt 3. Räumt ... auf. 4. Lasst 5. Kauft 6. Hört 7. Zieht euch ... an 8. Schickt 9. Lest 10. Erzählt 11. Geht 12. Verbringt

B 2 1. sind 2. habt 3. haben 4. sind 5. habt 6. bist 7. haben 8. seid 9. bist 10. hat 11. bist 12. haben 13. seid 14. hast 15. seid

B 3 1. Gib ... aus – ausgebe 2. Hilf – helfe 3. Lad(e) ... ein – lädst ... ein 4. Lass – lässt 5. Nimm – nehme 6. Sieh ... fern – sehe fern 7. Sprich – spreche 8. Triff – treffe 9. Werd(e) – wirst 10. Vergiss – vergesse

B 4 1. mitgeteilt hatten 2. hatte ... versprochen 3. waren ... gewesen – hatten ... probiert 4. hatten ... gesehen 5. hatten ... geplant

B 5 1. übernimmst – übernehme 2. ausgibst – gebe ... aus 3. vergisst – vergesse 4. einschläfst – schlafe ... ein 5. verrätst – verrate 6. erfahre – erfährst 7. behältst – behalte 8. abschließt – schließe ... ab 9. bewirbst – bewerbe 10. aufisst – aufgegessen 11. ausliest – lese ... aus 12. besprichst – bespreche

B 6 1b / 2a / 3a / 4b / 5b / 6a / 7b / 8a / 9b / 10a

B 7 1e. *Um* einmal wirklich nur das *zu* tun, was du willst. 2d. *Um* besser informiert *zu* sein. 3i. *Um* ein interessantes Land kennenzulernen und später im Beruf mehr Chancen *zu* haben. 4c. *Um* etwas für die Gesundheit *zu* tun. 5j. *Um* die Umwelt weniger *zu* belasten. 6k. *Um* gemeinsam schöne, normale und verrückte Dinge *zu* tun. 7f. *Um* drei Kilo abzunehmen. 8g. *Um* durch Bewegung und Musik lockerer und selbstbewusster *zu* werden. 9h. *Um* sensibler *zu* werden und auf Menschen besser eingehen *zu* können. 10b. *Um* Englisch *zu* lernen. 11m. *Um* nicht wieder dieselben Fehler *zu* machen, die andere schon gemacht haben. 11n. *Um* Zeit und Energie *zu* sparen. 11o. *Um* nie aus eigenen Fehlern *zu* lernen.

B 8 1 a. ist ... geflogen b. ist ... gefahren c. ist ... angekommen d. gelandet ist

2 a. sind ... gestiegen b. spazieren gegangen c. seid ... gewandert d. ist ... hochgeklettert

3 a. ist umgezogen b. eingezogen ist c. ausgezogen d. zusammengezogen sind

4 a. sind ... gerannt b. sind ... gelaufen c. gesprungen

5 a. ist ... gestanden b. bin ... stehen geblieben c. ist ... umgefallen d. ist ... kaputtgegangen

6 a. sind ... abgebogen b. gefolgt c. sind ... gelandet d. ist ... abgefahren e. sind ... gekommen

7 a. bin ... begegnet b. ist ... gewachsen c. ausgegangen ist

8 a. verreist bist b. sind ... gelaufen c. sind ... weggegangen d. geblieben

B 9 1. hätte 2. Dürfte ... benutzen 3. Könnten ... geben 4. Könntest ... rufen
5. würde ... gehen / (ginge) 6. Könnte ... bekommen 7. würde ... sitzen / (säße)
8. wäre – besuchen würden (besuchten) 9. möchte – könnte ... ausziehen
10. fänden / (würden ... finden) – ... sein könnten

B10 1. Ich würde gern mal wie ein japanischer Jugendlicher aussehen ... 2. Ich würde gern mal mit „Tokio Hotel" essen gehen. 3. Ich wäre gern mal als Statist dabei, ... 4. Ich würde gern mal meine alten Freunde wiedersehen, ... 5. Ich würde gern mal mit meiner Freundin eine Weltreise machen. 6. ... würden wir gern mal live bei einem großen Spiel dabei sein. 7. Ich würde gern mal in einem coolen Auto eine kleine Tour unternehmen. 8. Ich hätte gern den besten und schnellsten Computer, ...

B11 1. müsste 2. könnte 3. wüsste 4. hätte 5. bekäme 6. landen würde

B12 1. ... die Star-Wars®-Trilogie ansehen dürfen/können. 2. ... Telefonnummern merken können. 3. ... nach New York fliegen wollen. 4. ... Anna Netrebko live singen hören wollen. 5. ... ein Haustier haben dürfen/können 6. ... von meiner Familie verwöhnen lassen wollen. 7. ... meinen Geburtstag im Schlosshotel feiern wollen.
8. ... jonglieren lernen wollen. 9. ... mehrere Dinge gleichzeitig tun können.

B13 1. hätte ... gewonnen – richtig gewesen wären. 2. wäre ... gefahren – hätte ... abgenommen werden können. 3. hätte ... verpasst – wäre ... gekommen – hätte ... begonnen. 4. wäre ... gestürzt – hätte ... brechen können. 5. hätte ... vergessen – hätte ... verziehen. 6. hätte ... liegen lassen – hätte ... gehabt – wäre ... weg gewesen. 7. hätte ... gefunden – wäre ... ausgezogen.

C. Lernen & Beruf

C 1 A. 1. zugefroren ist 2. gekommen ist 3. begleitet habe 4. geblieben bin 5. geträumt habe – gegeben hat

B. 6. ging 7. war 8. kam 9. lag 10. gab

C. 11. geschlafen habe 12. ferngesehen habe 13. zurückgekommen bin 14. vergessen habe 15. gegangen bin

C 2 1. gelernt hätte 2. gewesen wäre 3. getrunken hätte 4. gegangen wäre
5. gehabt hätte 6. gedauert hätte 7. gegeben hätte 8. gegangen wäre 9. gesessen wäre 10. konzentriert hätte 11. vorbereitet hätte

C 3 1c / 2h / 3b / 4i / 5e / 6d / 7g / 8f

C 4 1. hätte ... entschieden 2. würden ... sprechen 3. könnte 4. würden ... reisen
5. hätten 6. müsste ... bekommen 7. käme 8. würden ... verkauft werden

C 5 1. gezielt an die Sprache herangeführt zu werden 2. einen längeren Aufenthalt in
einem deutschsprachigen Land einzuplanen 3. deutschsprachige Freunde zu finden
4. einen Bezug zur Sprache zu bekommen 5. aus Angst vor Fehlern nichts zu sagen
6. nicht zu komplizierte Sätze zu bilden 7. sich sprachlich zu verbessern 8. jedes
unbekannte Wort im Wörterbuch nachzuschlagen 9. in der Fremdsprache zu träumen
10. bei den ersten Schwierigkeiten nicht gleich aufzugeben

C 6 1. gelingen – gewinnen 2. gefährden – geschehen 3. genehmigen – genügen
4. gewöhnen – gestalten 5. gewittern – gefrieren 6. genießen – gestehen

C 7 1. immatrikuliert 2. exmatrikuliert 3. promovieren 4. habilitieren 5. emeritiert

C 8 1. gelöscht – gespeichert – geklickt 2. angehängt – geschlossen 3. eingegeben –
überschrieben 4. eingetippt – aktiviert – geschrieben 5. runtergefahren – gesurft –
downgeloadet 6. geschickt – gedrückt 7. blättere – scrolle

C 9 1. Außerdem müssen alle Dokumente für die Besprechung kopiert werden.
2. Schließlich muss während der Besprechung der Telefondienst übernommen werden.
3. Dienstags muss am Computer der Wochenarbeitsplan erstellt werden. 4. Mittwochs
müssen Sicherungskopien am Computer gemacht werden. 5. Donnerstags muss beim
Versand ausgeholfen werden. 6. Freitags müssen die Materialien für Montag zusammen-
gestellt werden. 7. Dann muss die Espresso-Maschine gereinigt werden. 8. Erstens
muss der Papiervorrat im Kopierer überprüft werden. 9. Zweitens muss die Post sortiert
und verteilt werden. 10. Drittens muss eine Zusammenfassung zu aktuellen Berichten
und Artikeln im Intranet geschrieben werden. 11. Viertens müssen Rechnungseingänge
kontrolliert werden. 12. Fünftens müssen allgemeine E-Mail-Anfragen beantwortet
werden. 13. Sechstens müssen Kunden empfangen und betreut werden.

C10 1. fast alle *kämen / würden kommen* 2. es *finde / fände* im Hilton *statt / es würde* im
Hilton *stattfinden* 3. es *gebe / gäbe* ein großes Büffet / es *würde* ein großes Büffet
geben 4. man *brauche / bräuchte* nicht im Abendkleid *zu kommen* 5. die „Rocking
Boyz" *würden spielen* 6. niemand *müsse / müsste* mit ihm *tanzen* 7. der Juniorchef
wolle eine Ansprache *halten* 8. sie *könne / könnte* sich darum *kümmern*

Hinweis: In der gesprochenen Sprache kann in der indirekten Rede alternativ auch der
Indikativ verwendet werden: *Es heißt, alle sind eingeladen.*

C11 1. wird ... ausgeräumt sein (*Futur II*) 2. wird ... da sein 3. werden ... haben
4. wird ... wischen 5. wird ... ausgeliehen haben (*Futur II*) 6. wird ... sitzen 7. wird
... stehen 8. wird ... liegen 9. wird ... stecken 10. wird ... mitgenommen haben
(*Futur II*)

C12 A. 1e / 2d / 3g / 4c / 5f / 6b / 7k / 8h / 9m / 10n / 11j / 12i / 13o / 14l

B. 1e. Könnten/Würden Sie … behandeln? 2d. Könnten/Würden Sie … erinnern? 3g. Könnten/Würden Sie … verbessern? 4c. Könnten/Würden Sie … verwenden? 5f. Könnten/Würden Sie … anrufen? 6b. Könnten/Würden Sie … beraten? 7k. Könnten/Würden Sie … machen? 8h. Könnten/Würden Sie ihn bitte mal ausleeren? 9m. Könnten/Würden Sie bitte mal aufräumen? 10n. Könnten/Würden Sie endlich die Glühbirne auswechseln? 11j. Könnten/Würden Sie bitte alle pünktlich sein? 12i. Könnten/Würden Sie … Platz nehmen? 13o. Könnten/Würden Sie … reinigen? 14 l. Könnten/Würden Sie … ausprobieren und den Kollegen … erklären?

C. 1e. Bitte behandle alle Mitarbeiter gleich. 2d. Bitte erinnere mich morgen an … 3g. Verbessere ihn bitte … 4c. Bitte verwende zum Drucken nur … 5f. Ruf bitte für mich dort an. 6b. Berate mich bitte. 7k. Mach mir bitte auch einen. 8h. Leer ihn doch mal aus. 9m. Räum doch bitte mal auf. 10n. Wechsle doch endlich die … aus. 11j. Bitte sei deshalb pünktlich. 12i. Nimm bitte Platz. 13o. Reinige die Tasten mal mit … 14l. Probier sie mal aus und erklär den Kollegen …

C13 1d. berechnet 2g. in Kenntnis gesetzt 3e. berichtigt 4j. schriftlich festgehalten 5k. vorbereitet 6f. besorgt 7h. gekostet 8i. rückgängig gemacht 9b. aufbewahrt 10a. angestrichen

C14 1. Hätte … gekündigt 2. gekündigter 3. kündigen 4. gekündigt wird 5. kündigt 6. Kündige 7. kündigte 8. kündigen würde 9. wird … gekündigt haben 10. wurde … gekündigt 11. habe … gekündigt 12. habe … gekündigt

C15 Mit diesem Brief *möchte* (1) ich mich kurz bei Ihnen vorstellen. (…) Zusammen mit meinen Eltern und Geschwistern *wohne* (2) ich in Minsk. (…) Ich bin 18 und habe noch zwei jüngere Brüder, auf die ich oft *aufpasse* (3). Es ist also für mich nichts Neues, Verantwortung für kleine Kinder *zu übernehmen* (4). Ich freue mich schon darauf, mich um Ihre Kinder *kümmern zu dürfen* (5). Ich bin sicher, dass sie nicht so frech wie meine Brüder *sind* / dass sie nicht so frech *sind* wie meine Brüder (6). Ich bin schon sehr neugierig, wie das Jahr in Berlin *ablaufen* (7) wird, und habe natürlich viele Fragen an Sie. Ich habe vier Jahre Deutsch in der Schule *gelernt* (8). (…) In Deutschland *will ich* (9) meine Deutschkenntnisse verbessern. Deswegen wäre es schön, wenn ich neben der Arbeit noch genug Zeit für einen Sprachkurs *hätte* (10). Gibt es in Ihrer Nähe vielleicht eine gute Sprachenschule, die ich besuchen *könnte* (11)? Die Agentur *hat* (12) mich schon über Ihre Familie informiert. Alles, was man mir geschrieben hat, *gefällt* (13) mir sehr gut. Bitte *beschreiben Sie* (14) mir noch kurz den Tagesablauf Ihrer Familie. Dann kann ich mir schon etwas besser vorstellen, was mich *erwartet* (15).

D. Unterwegs

D 1 1b / 2a / 3b / 4a / 5b / 6b / 7a / 8a

D 2 **A.** 1. Ich werde nie wieder zu viel trinken. 2. Ich werde nie wieder zu schnell fahren. 3. Ich werde nie wieder beim Autofahren telefonieren. 4. Ich werde nie wieder überholen, (...). 5. Ich werde jetzt immer Parkgebühr bezahlen. 6. Ich werde nie wieder bei Rot über die Ampel fahren. 7. Ich werde jetzt immer am Zebrastreifen anhalten, (...).

B. 8f / 9e / 10i / 11a / 12b / 13h / 14j / 15d / 16c

C. *sich entschuldigen* 10 / 13 / 14 / 16   *jemanden überreden wollen* 0 / 8 / 10 / 15 *sich unschuldig fühlen* 9 / 11 / 12 / 14

D 3 1. Sie *bekamen* ihre Kekse und wir *hatten* wieder zehn Minuten Ruhe. 2. Jetzt *musste* ich ein Spiel *finden*, das die Kinder noch einmal zehn Minuten *beschäftigen würde*. 3. Das Autozähl-Spiel *geht* so, dass ein Kind rote und das andere blaue Autos *zählen muss*. 4. Als kaum noch rote und blaue Autos *zu sehen waren, verloren* die Kinder die Lust. 5. Damit wir weitere zehn Minuten ohne Geschrei und Streit *weiterfahren konnten, verteilte* ich Malhefte und Buntstifte. 6. Leider *wurde* das Malen den Kindern schon nach fünf Minuten langweilig und sie *wollten* ihre Kassetten *hören*. 7. Wir *werden* nie *verstehen*, wieso dieselben Kassetten jahrelang interessant *sein können*.

D 4 1. Ich *werde* bestimmt mein Auto in der Hotelgarage *parken*. 2. Ich *werde* im Hotel bestimmt die Tür von innen *abschließen* und nachts niemandem *aufmachen*. 3. Ich *werde* bestimmt kein Geld auf der Straße *wechseln*. 4. Ich *werde* bestimmt keinen Alkohol *trinken*. 5. Ich *werde* bestimmt nicht so viel *rauchen*. 6. Ich *werde* bestimmt keine teure Uhr *tragen*, wenn ich auf den Markt *gehe*. 7. Ich *werde* abends bestimmt nicht allein durch einsame Stadtviertel *gehen*. 8. Ich *werde* mich bestimmt von niemandem auf der Straße *ansprechen lassen*. 9. Ich *werde* bestimmt ein Taxi *nehmen*, wenn es dunkel wird. 10. Ich *werde* dich bestimmt jeden Abend *anrufen*.

D 5 7. wird 1. können – waren 2. wollten 5. ist 8. gab 3. hatten 6. wissen 4. werden

D 6 1. Das Mobility®-Auto *kann* rund um die Uhr *reserviert werden*. 2. Reservierungen *können* per Internet oder Telefon *vorgenommen werden*. 3. Das reservierte Auto *kann* direkt am gewünschten Standort *abgeholt werden*. 4. Zum Öffnen des Autos *muss* die Mobility®-Card an die Windschutzscheibe *gehalten werden*. 5. Der Zündschlüssel *muss* aus dem Handschuhfach *genommen werden*. 6. Erst dann *kann* das Auto *gestartet werden*. 7. ..., *muss* das Auto wieder auf dem Mobility®-Parkplatz *parkiert werden*. 8. Der Zündschlüssel *muss* wieder ins Handschuhfach *gelegt werden*. 9. Das Auto *muss* am Mobility®-Checkpoint mit der Mobility®-Card *abgeschlossen und abgemeldet werden*.

D 7 1. In Singapur *darf* man Kaugummis *nicht* auf den Boden spucken. / In Singapur *darf* man *keine* Kaugummis auf den Boden spucken. 2. In Frankreich *darf* man in öffentlichen Gebäuden *nicht* rauchen. 3. In Bayern *darf* man in der Stadt *nicht* an Bäume pinkeln. 4. In New York *dürfen* Hunde „ihr Geschäft" *nicht* auf dem Gehweg machen.

D 8 1b / 2a / 3b / 4b / 5a / 6b / 7a / 8a / 9b / 10a / 11b

D 9 1a / 2d / 3f / 4b / 5e / 6c

E. Freizeit & Sport

E 1 1l / 2g / 3f / 4m / 5i / 6h / 7e / 8d / 9k / 10j / 11a / 12c

E 2 1. kannst 2. kannst / könntest 3. können 4. Könntet 5. könnt 6. konnte

E 3 A. 1. wäscht 2. lässt 3. liest 4. hilft 5. lädt ... ein 6. sieht ... an 7. läuft
8. ruht ... aus 9. schläft

B. Ich hätte keine Lust, ...	Würdest du ...?
1. das Auto zu waschen.	1. etwa das Auto waschen?
2. mir den Rücken massieren zu lassen.	2. dir etwa den Rücken massieren lassen?
3. im Seniorenheim aus meinem neuen Roman vorzulesen.	3. etwa im Seniorenheim aus deinem neuen Roman vorlesen?
4. der Organisation „..." bei der Essensausgabe zu helfen.	4. etwa der Organisation „..." bei der Essensausgabe helfen?
5. meine Eltern zu einem fünfgängigen Menü einzuladen.	5. etwa deine Eltern zu einem fünfgängigen Menü einladen?
6. mir einen alten Film im Kino anzusehen.	6. dir etwa einen alten Film im Kino ansehen?
7. zehn Runden im Park zu laufen.	7. etwa zehn Runden im Park laufen?
8. mich abends nur auszuruhen.	8. dich etwa abends nur ausruhen?
9. nachts immer acht bis zehn Stunden zu schlafen	9. etwa nachts immer acht bis zehn Stunden schlafen?

E 4 1. (...) Aber am Sonntag *hat* er sich nur mit seinen Kindern *beschäftigt*. Er *ist* mit Ihnen auf den Spielplatz oder ins Kino *gegangen*. 2. Samstagmorgen *hat* es sehr stark *geregnet*. Da *hat* sie von einer Minute auf die andere *beschlossen*, für zwei Tage nach Italien an den Gardasee zu fahren. Dort *hat* sie sicher *sein können*, dass ....
3. Das ganze Wochenende *hat* es *geschneit*, deshalb *sind* die beiden nicht einmal vor die Tür *gegangen*. Sie *haben* gemütlich auf dem Sofa *gesessen* und ein Buch nach dem anderen *gelesen*. Sie *sind* nur *aufgestanden*, um Tee oder eine heiße Suppe zu kochen.
4. Samstag früh *ist* sie erst um fünf Uhr nach Hause *gekommen*. Deshalb *hat* sie bis zum Nachmittag *geschlafen*. Dann *hat* sie einen starken Kaffee *getrunken* und sich vor den Computer *gesetzt*. Später *hat* sie noch ein bisschen *ferngesehen*. Am Abend *ist* sie todmüde ins Bett *gefallen*. 5. Samstagmorgen *ist* er sehr früh *aufgestanden*, weil er mit Freunden zum Segeln *verabredet gewesen ist*. Nach fünf Stunden *sind* sie mit ihrem Boot am Ziel *angekommen*, einer kleinen Insel in der Nordsee. Die Nacht zum Sonntag *haben* sie bei gutem Wein auf dem Boot *verbracht*.

E 5 **A.** 1a / 2e / 3b / 4d / 5c / 6f

B. 1. Geh ins Leistungszentrum! 2. Wechsle nicht den Trainer! 3. Behalt(e) deinen alten Schläger! 4. Spiel nicht so viele Turniere! 5. Fahr nicht zwischen den Turnieren zu deiner Freundin! 6. Find(e) endlich einen Sponsor!

E 6 1. Wie verlief das Spiel gegen Holland? (*oder*: ist ... verlaufen?) 2. Warum hat Ihre Mannschaft heute Abend so schlecht gespielt? 3. Was haben Sie Ihren Spielern in der Pause gesagt? 4. Was sollen die Fans am Ende der WM 2006 machen? 5. Sind Sie mit dem Ergebnis zufrieden? 6. ..., wer wird heute Abend das Spiel gewinnen? (*oder*: gewinnt) 7. Welche Empfehlung geben Sie der deutschen Mannschaft für das Spiel heute Abend? (*oder*: haben ... gegeben) 8. Warum war 1976 ein besonders erfolgreiches Jahr für Sie? (*oder*: ist ... gewesen) 9. Wer tut Ihnen nach diesem schlechten Spiel am meisten leid? (*oder*: tat / hat ... getan)

E 7 1a / 2b / 3e   4a / 5f / 6g / 7c / 8d / 9h / 10b   11a / 12f / 13e / 14b / 15h / 16g / 17c / 18d

E 8 1. stand 2. besuchte 3. erkannte – förderte 4. kam 5. gewann 6. errang 7. bezeichnete 8. galt 9. wurde ... überwacht ... bespitzelt 10. begann 11. kehrte ... zurück – startete 12. ließ 13. prägte

E 9 1d / 2a / 3e / 4f / 5b

E10 1. Bild, das in drei Varianten *entstand/entstanden ist* 2. Dichter, der auf einer alten Matratze *liegt* 3. Poet, der in eine Decke *gehüllt ist* und eine Schlafmütze *trägt* – Ofen, der schlecht *funktioniert* 4. Feuchtigkeit ..., die durch das Dach *kommt* 5. Dichter, der seine Schreibfeder im Mund *hält* 6. Tintenfass, das auf einer alten Schachtel *steht* 7. Dichterei ..., die nur mühsam *vorangeht* 8. Idealist, der von der Gesellschaft *verkannt wird/ist* und vor der Gesellschaft *flieht* 9. Bild, das häufig als Angriff auf die Dichtkunst *missverstanden wird/wurde/worden ist* 10. Bild ..., das an die niederländische Malerei *erinnert*

E11 **A.** 1. war 2. nähte 3. wurden 4. saß 5. war 6. war 7. saß 8. sah ... zu 9. saßen 10. nähte 11. sah ... zu 12. wurde
B. 13. näht 14. macht 15. sieht ... auf 16. sagt 17. erschrickt 18. fragt 19. sagt. 20. ist 21. tut 22. sagt 23. sagt 24. sagt 25. sagt 26. geht 27. gibt 28. muss
C. 29. hielt 30. lief 31. sprang 32. rief 33. öffnete 34. war 35. fragte 36. sagte 37. hattest 38. hatte
D. 39. hättest ... stecken sollen 40. wäre ... verwahrt gewesen 41. werde ... stecken 42. hat ... gearbeitet 43. hatte ... gesagt 44. hast ... gesagt 45. solle 46. Hättest ... balanciert

E12 1. wird ... gegangen 2. wird ... gefrühstückt 3. wird ... geholfen 4. wird ... mitgearbeitet 5. werden ... geputzt 6. wird ... gegessen 7. wird ... verbracht 8. wird ... gelesen 9. wird ... gegangen 10. wird ... akzeptiert

F. Medien & Aktuelles

F 1 1. Wann heiraten die beiden? / Wann heiratet Maria Keller? / o. ä. 2. Wie viel kostet ein Ticket? / Was kostet ein Ticket? / o. ä. 3. Wo liegt/ist das denn? / Wo liegt eigentlich Vals? / o. ä. 4. Wann wurde das Geschäft eröffnet? 5. Welche Farbe hat die Bluse? / Wie sieht die Bluse aus? / Was für eine Bluse hast du gekauft? / o. ä.

F 2 1. Verboten 2. Versprochen 3. Verhaftet 4. Verloren 5. Vergessen 6. Verliebt 7. Verziehen 8. Verwechselt

F 3 **A.** 1. entdeckt – gesichtet 2. eröffnet 3. aberkannt 4. diskutiert 5. verboten 6. verweigert 7. veröffentlicht 8. gebunden – zurückgelassen 9. überarbeitet 10. untersucht 11. ausgezeichnet

B. Vorgangspassiv: *Präsens:* wird diskutiert // *Imperfekt:* wurde entdeckt / wurde eröffnet / wurde aberkannt / wurde veröffentlicht / wurde gebunden und zurückgelassen / wurde überarbeitet / wurde untersucht / wurde ausgezeichnet // *Plusquamperfekt:* war gesichtet worden // **Zustandspassiv:** *Präsens:* ist verboten

F 4 1. Rauchen 2. rauchen 3. Rauchen 4. rauchen 5. Rauchen 6. rauchen 7. Rauchens 8. Rauchen 9. Rauchen 10. rauchen 11. Rauchen 12. rauchen 13. Rauchen

F 5 1. *Weißt du schon, dass* die belgische Königin *operiert werden musste*? 2. dass der Finanzminister sich ein Haus für drei Millionen *gekauft haben soll*? 3. dass Prinz Albert sich schon wieder mit einer neuen Freundin *gezeigt haben soll*? 4. dass Günther Jauch mit allen Gewinnern von „Wer wird Millionär?" *essen gehen will*? 5. dass ein neues Krebsmedikament *entdeckt worden sein soll*? 6. dass das Eisstadion nicht mehr *repariert werden kann*? 7. dass Tom Cruise sich ***hat** scheiden lassen*? 8. dass eine deutsche Energiefirma von einem russischen Konzern *übernommen werden soll*? 9. dass Robbie Williams sich am ganzen Körper ***hat** tätowieren lassen*? 10. dass man gestern zum ersten Mal Thomas Gottschalk im Fernsehen *singen hören konnte*?

F 6 **A.** 1c / 2g / 3i / 4h / 5a / 6d / 7f / 8e

B. 1c. wird geben – wird buchen können 2g. wird können – wird sein – wird sprechen ... zuhören ... verstehen können 3i. werden kaufen können – wird frieren ... schwitzen lassen – wird wärmen ... kühlen 4h. werden fliegen können – wird versetzt werden 5a. wird sein – wird werden – wird geben 6d. wird aussehen – wird geben 7f. wird vorstellen müssen – wird sein 8e. wird fortbewegen – wird geben – werden finden

F 7 1. wären ... ausgewandert 2. hätten ... hervorgebracht 3. gäbe / würde ... geben – bedroht wären 4. wäre ... gebaut worden 5. existierte / würde ... existieren 6. lägen / würden ... liegen 7. hätte – gebraut werden könnte 8. wäre ... beeinflusst worden 9. wäre ... geplant worden

F 8 1. entdeckt – gesperrt – vergessen 2. gestohlen – verübt 3. überfallen – abgepasst – bedroht 4. gesichtet – angelockt 5. ausgegraben – gefunden 6. ausbezahlt 7. umjubelt – gefeiert – übertragen 8. angenommen – gespendet 9. aufgespürt – transportiert 10. ausgezeichnet – durchgeführt

F 9 1. nominieren 2. abriegeln 3. vergessen 4. ausbrennen – entstehen 5. zerkratzen 6. ausfallen 7. betrügen – verlieren 8. abbrechen – verschieben 9. finden 10. stehlen 11. bergen – wiegen 12. sinken 13. bezwingen 14. beweisen – abstreiten

F10 1. Anhaltende 2. enttäuschende 3. veröffentlichen 4. gestiegenen 5. subventionierter 6. versteuerter 7. stagnierenden 8. reduzierte 9. gefallenen 10. Belebende

F11 A. Ein Arbeitsloser (...) Im Urteil des Bundessozialgerichts zu diesem Fall heißt es, dass der Arbeitgeber eine solche Bewerbung nicht ernst nehmen <u>könne</u> und sogar davon ausgehen <u>müsse</u>, dass der Bewerber gar kein Interesse an einer Anstellung <u>habe</u>. Die BA <u>habe</u> deshalb richtig <u>entschieden</u>.
Die Richter waren der Meinung, dass diese Bewerbung nicht als echte Bewerbung <u>zähle</u>. Der Bewerber <u>habe</u> keine positive Einstellung erkennen <u>lassen</u>. Dies <u>sei</u> aber dem Gesetz nach notwendig. Im Bewerbungsschreiben <u>seien</u> im Gegenteil die Minuspunkte des Bewerbers <u>hervorgehoben worden</u>.
Der Kläger <u>habe</u> zwar <u>geschrieben</u>, dass er eine feste Arbeitsstelle <u>suche</u>. Für die konkrete Stelle <u>verfüge</u> er aber weder über praktische Kenntnisse noch über eine Ausbildung. Außerdem <u>sehe</u> seine Wunschtätigkeit anders <u>aus</u>.
Das Urteil besagt demnach, dass Arbeitslose bei ihrer Bewerbung ein erkennbares Interesse an der jeweiligen Stelle zeigen <u>müssten</u>. <u>Täten</u> sie dies nicht, <u>hätten</u> sie keinen Anspruch auf weitere finanzielle Unterstützung durch die BA.

B.	Gegenwart	Vergangenheit
Konjunktiv I	könne, müsse, habe, zähle, sei, suche, verfüge, sehe aus	habe entschieden, habe lassen, seien hervorgehoben worden, habe geschrieben
Konjunktiv II	müssten, täten, hätten	---

C. 1. kann – muss – hat – hat (entschieden) 2. zählt – hat (lassen) – ist – sind (hervorgehoben worden) – hat (geschrieben) – sucht – verfügt – sieht (aus) 3. müssen – Tun – haben

F12 A. 1. Die Empfehlungen <u>seien</u> oft <u>unangebracht</u>. So <u>brauche</u> z. B. ein Student ...
2. Alle Bände <u>seien</u> für den Schulunterricht in beiden Ländern <u>konzipiert</u>.
3. Alle versicherten jedoch, sie <u>hätten</u> keine unerlaubten Mittel <u>eingenommen</u> und <u>wüssten</u> nicht, wie das Ergebnis der Proben zustande <u>gekommen sei</u>.
4. Es <u>gebe</u> genügend Alternativen ...

B. a. war/gewesen ist b. sind – braucht c. sind d. haben – wissen – ist e. gibt

G. Verschiedenes

G 1 1. kenne – Können – weiß 2. kennst – Weißt – kann 3. weiß – kann – kennt
4. Wisst – kennt – weiß – kannst 5. kennt – weiß – kann

G 2 1. höre ... auf – aufgehört 2. beginnt – begonnen 3. beenden – beendet
4. startet – gestartet 5. endet – geendet 6. geht ... an – angegangen
7. schließt ... ab – abgeschlossen

G 3 A.

	H				G		V	E	R	Z	I	E	H	
S	C	H	M	E	C	K	T	E				R	A	W
	O			L		N			E		T	E		
S	R		R	A	W	A	R	F	T		A	I		
A			O	N		R		E	T	E	T	S	O	K
H	D		L	G		T		A			T		A	
N	R		G	E	I	W	H	C	S	E			M	
G	A	B	E				A							
F	V	E	R	G	A	ß		M	H	A	N			

B. Regelmäßige Verben: kosten – kostete – gekostet / reisen – reiste – gereist / schmecken – schmeckte – geschmeckt

Unregelmäßige Verben: essen – aß – gegessen / finden – fand – gefunden / geben – gab – gegeben / gelingen – gelang – gelungen / haben – hatte – gehabt / kommen – kam – gekommen / nehmen – nahm – genommen / riechen – roch – gerochen / sehen – sah – gesehen / schweigen – schwieg – geschwiegen / tun – tat – getan / trinken – trank – getrunken / vergessen – vergaß – vergessen / verlieren – verlor – verloren / verzeihen – verzieh – verziehen / war – sein – gewesen / werfen – warf – geworfen

G 4 1. durfte 2. musste 3. solltest 4. konnte 5. wollte 6. konntest 7. sollte 8. musste
9. durfte

G5

	1.	△-a-o		2.	i-a-u		3.	ei-i-i	
A.	kommen	kam	gekommen	singen	sang	gesungen	schreiben	schrieb	geschrieben
	treffen	traf	getroffen	finden	fand	gefunden	leihen	lieh	geliehen
	gewinnen	gewann	gewonnen	trinken	trank	getrunken	streiten	stritt	gestritten
B.	beginnen	begann	begonnen	gelingen	gelang	gelungen	bleiben	blieb	geblieben
	helfen	half	geholfen	springen	sprang	gesprungen	leiden	litt	gelitten
	nehmen	nahm	genommen	verbinden	verband	verbunden	schneiden	schnitt	geschnitten

	4.	△-a-e		5.	a-u-a		6.	□-i-□	
A.	sitzen	saß	gesessen	fahren	fuhr	gefahren	fallen	fiel	gefallen
	liegen	lag	gelegen	tragen	trug	getragen	laufen	lief	gelaufen
	lesen	las	gelesen	wachsen	wuchs	gewachsen	rufen	rief	gerufen
B.	bitten	bat	gebeten	einladen	lud ein	eingeladen	halten	hielt	gehalten
	geben	gab	gegeben	schlagen	schlug	geschlagen	heißen	hieß	geheißen
	sehen	sah	gesehen	waschen	wusch	gewaschen	schlafen	schlief	geschlafen

	7.	e-a-a		8.	ie-o-o	
A.	denken	dachte	gedacht	bieten	bot	geboten
	nennen	nannte	genannt	fliegen	flog	geflogen
	rennen	rannte	gerannt	schließen	schloss	geschlossen
B.	brennen	brannte	gebrannt	fließen	floss	geflossen
	kennen	kannte	gekannt	riechen	roch	gerochen
	senden	sandte	gesandt	verlieren	verlor	verloren

G 6   **A.** 1. gebrauchen – brauche   2. fallen – gefällt   3. gerät – rate   4. gesteht – steht

B.

Infinitiv	Präsens		Partizip Perfekt
brauchen	ich brauche	er braucht	gebraucht
gebrauchen	ich gebrauche	er gebraucht	gebraucht
fallen	ich falle	er fällt	gefallen
gefallen	ich gefalle	er gefällt	gefallen
hören	ich höre	er hört	gehört
gehören	ich gehöre	er gehört	gehört
stehen	ich stehe	er steht	gestanden
gestehen	ich gestehe	er gesteht	gestanden
raten	ich rate	er rät	geraten
geraten	ich gerate	er gerät	geraten

G 7   1. habt – ist   2. hat – ist   3. ist – hat   4. hat – ist   5. ist – habe   6. ist – hat
7. ist – hat   8. hat – ist   9. haben – sind   10. ist – hat   11. sind – hat   12. bin – habe

G 8   1. gedurft   2. müssen/sollen   3. können   4. gebraucht   5. gelassen   6. müssen   7. lassen
8. gemocht   9. gekonnt   10. wollen/müssen   11. gemusst   12. dürfen   13. gewollt
14. brauchen

G 9   1a / 2b / 3a / 4a / 5a+b / 6a+b / 7a / 8b / 9a+b / 10a

G10   1a. Lernen   2d. Rauchen   3e. Rechnen   4f. Baden   5b. Wandern   6i. Übersetzen
7g. Spazierengehen *(ein Wort)*   8k. Verwechseln   9j. Umsteigen   10h. Tanken
11n. Skifahren *(ein Wort)*   12m. Lesen   13l. Schlafengehen *(ein Wort)*   14o. Spielen
15p. Sparen

G11   1. aberkannt - zuerkannt   2. wiedererkannt   3. verkannt   4. erkannt   5. gestellt
6. vorgestellt – angestellt   7. bestellt – nachbestellt – abbestellt   8. verstellt –
umgestellt – zurückgestellt   9. erstellt   10. gebaut / erbaut   11. wiederaufgebaut
12. verbaut   13. bebaut   14. aufgebaut   15. erbaut / gebaut   16. umgebaut

G12   **A.** 1a-c-b / 2f-d-e / 3h-i-g / 4j-k-l / 5o-n-m / 6pq-qp-r

B.

Infinitiv = Partizip Perfekt
entlassen – entlassen
unterlassen – unterlassen
verlassen – verlassen
beraten – beraten
verraten – verraten
geraten – geraten

Infinitiv	Partizip Perfekt
unterschreiben	unterschrieben
beschreiben	beschrieben
verschreiben	verschrieben
entsorgen	entsorgt
versorgen	versorgt
besorgen	besorgt
verfassen	verfasst
erfassen	erfasst
befassen	befasst
erkennen	erkannt
wiederkennen	wiedererkannt
verkennen	verkannt

G13 **A.** 1. widerspricht 2. halten ... durch – kommen ... durch 3. malen ... voll
4. vollführen 5. vollendet 6. umgeben – umgezogen – umgebaut 7. übernommen –
überrascht – überfordert – unterschlagen – untergetaucht – untersucht 8. unternommen
– untergebracht – unterhalten

B. 1. widersprechen   2. durchhalten – durchkommen 3. vollmalen 4. vollführen
5. vollenden 6. umgeben – umziehen – umbauen 7. übernehmen – überraschen –
überfordern – unterschlagen – untertauchen – untersuchen 8. unternehmen –
unterbringen – unterhalten

G14 **A. + B.** 1a. übergetreten – b. übertreten 2a. umgegangen – b. umgangen
3a. umschrieben – b. umgeschrieben 4a. unterstellt – b. untergestellt
5a. wiedergeholt – b. wiederhole

G15 1. missverstanden – verabredet – verursacht 2. beantragt – veranstaltet –
verabschiedet 3. anberaumt – veranlasst – anvertraut – aufbegehrt – beeinträchtigt –
auserwählt – ausgestaltet – vorbereitet 4. veranschlagt – abbestellt

Grammatikübersicht

1. **Präsens** — Gegenwart
2. **Perfekt** — Vergangenheit
3. **Imperfekt / Präteritum** — Vergangenheit
4. **Plusquamperfekt** — Vergangenheit
5. **Futur I + II** — Zukunft
6. **Konjunktiv I**
7. **Konjunktiv II**
8. **Imperativ**
9. **Vorgangspassiv**
10. **Zustandspassiv**
11. **Trennbare und untrennbare Verben**
12. **Reflexive Verben**
13. **Verbstellung**
14. **Infinitiv-Konstruktionen mit *zu***
15. **Partizipien**
16. **Infinitiv als Nomen**

1. Präsens / Gegenwart

Verwendung

Bei uns in Berlin **regnet** es.	etwas passiert gerade
Ute **arbeitet** bei Siemens. Die Erde **ist** rund.	etwas dauert an oder ist allgemein gültig
Mein Kollege **kommt** nächsten Montag **zurück**. In 10 Jahren **sind** meine Kinder erwachsen.	Zukünftiges / Ankündigung (+ Zeitangabe)
Mozart **komponiert** schon im Alter von sechs Jahren seine ersten Werke.	lebendige Wiedergabe von Vergangenem (historisches Präsens)

Formen
Regelmäßige Verben

	Verbstamm *lach* (+ **e**) + **Endung**		
	lachen	**warten**	**rechnen**
ich	lach **e**	wart e	rechn e
du	lach **st**	wart est	rechn est
er/sie/es	lach **t**	wart et	rechn et
wir	lach **en**	wart en	rechn en
ihr	lach **t**	wart et	rechn et
sie/Sie	lach **en**	wart en	rechn en
		antworten, reden	atmen, trocknen

▶ Zusätzliches **e** wegen Aussprache: *du antwortest, du atmest*

▶ In der Umgangssprache häufig keine Endung in der ich-Form: *Ich komm gleich.*

	Verkürzung bei Verbstamm und/oder Endung		
	sammeln	**ändern**	**reisen**
ich	sam**ml** e	änd(e) re	reis e
du	sammel st	änder st	reis **t**
er/sie/es	sammel t	änder t	reis t
wir	sammel **n**	änder **n**	reis en
ihr	sammel t	änder t	reis t
sie/Sie	sammel **n**	änder **n**	reis en
	entwickeln, handeln	erinnern, verbessern	faxen, heißen, küssen

▶ Verkürzung wegen Aussprache bzw. Schreibung: *ich sammle, wir ändern, du reist*

▶ In der Umgangssprache oft ohne Endung: *ich sammel, ich änder*

Unregelmäßige Verben

	Verbstamm (mit **Vokalwechsel** bzw. **Umlaut**) + Endung			
	sprechen	**lesen**	**schlafen**	**laufen**
ich	sprech e	les e	schlaf e	lauf e
du	sprich st	lie st	schläf st	läuf st
er/sie/es	sprich t	lie st	schläf t	läuf t
wir	sprech e	les en	schlaf en	lauf en
ihr	sprech t	les t	schlaf t	lauf t
sie/Sie	sprech en	les en	schlaf en	lauf en
	geben, helfen	*sehen*	*tragen, stoßen*	*saufen*

▶ Bei bestimmten unregelmäßigen Verben ändert sich in der *du-* und *er/sie/es*-Form der Stammvokal: *sprechen* ⟶ *du sprichst – er spricht*

▶ Die Hilfsverben *haben, sein, werden* ⇨ **VT 1-3** sowie die Modalverben *dürfen, können, müssen, mögen, sollen, wollen* ⇨ **VT 4-9** und das Verb *wissen* ⇨ **VT 79** haben besondere Formen im Präsens.

2. Perfekt / Vergangenheit

Verwendung

Ich **habe** mir gestern eine neue Jacke **gekauft**.	Vergangenes in der gesprochenen Sprache
In zwei Tagen **sind** alle Gäste wieder **abgereist**.	Abgeschlossenes in der Zukunft (+ Zeitangabe)
Uwe **hat angerufen**. Er kommt später.	Vorzeitigkeit gegenüber dem Präsens

Formen
Hilfsverben

	hat/ist	+ Partizip Perfekt		
	lachen		**kommen**	
ich	**habe**	gelacht	**bin**	gekommen
du	**hast**	gelacht	**bist**	gekommen
er/sie/es	**hat**	gelacht	**ist**	gekommen
wir	**haben**	gelacht	**sind**	gekommen
ihr	**habt**	gelacht	**seid**	gekommen
sie/Sie	**haben**	gelacht	**sind**	gekommen

▶ Die Hilfsverben **haben/sein** stehen im Indikativ Präsens.

▶ Die meisten Verben bilden das Perfekt mit **haben**.

▶ Das Perfekt mit **sein** bilden:
 - Verben der Ortsveränderung wie *kommen, gehen, fahren, begegnen, reisen* u. a.
 - Verben der Zustandsveränderung wie *aufwachen, einschlafen, verblühen, vergehen* u. a.
 - Verben wie *sein, bleiben, werden, passieren, geschehen* u. a.

▶ **Aber:** Bei bestimmten Verben der Orts- und Zustandsveränderung + Akkusativ-Ergänzung wird das Perfekt mit **haben** gebildet.
 ein Auto fahren   Ich **habe das Auto** in die Garage **gefahren**.
 nach Hause fahren   Ich bin nach Hause gefahren.

▶ Standardsprache: Ich **habe** hier gesessen/gestanden/gelegen.
 südd./österr./schweiz. Variante: Ich **bin** hier gesessen/gestanden/gelegen.

Partizip Perfekt / Partizip II

Regelmäßige Verben

	(**ge**) + Verbstamm + **t** / **et**			
	kaufen	**sammeln**	**ändern**	**warten**
	gekauft	gesammelt	geändert	gewartet
trennbar	eingekauft	eingesammelt	umgeändert	abgewartet
untrennbar	verkauft	versammelt	verändert	erwartet

▶ Partizip **ohne** *ge* bei allen Verben, die *nicht* auf der ersten Silbe betont werden:
Untrennbare Verben   Verben auf *-ieren*   Verben wie ⇨ **VT 83**
ver<u>kau</u>fen → ver<u>kauf</u>t   fotogra<u>fie</u>ren → fotogra<u>fier</u>t   offen<u>ba</u>ren → offen<u>ba</u>rt

Unregelmäßige Verben

	(**ge**) + Verbstamm (mit **Vokalwechsel**) + **en** / **t**		
	schlafen	**finden**	**kennen**
	geschlafen	gefunden	gekannt
trennbar	eingeschlafen	vorgefunden	ausgekannt
untrennbar	verschlafen	erfunden	erkannt
			gemischte Konjugation

▶ **Aber:** *tun* → *getan*   *essen* → *gegessen*

Besonderheit

	hat + Infinitiv + **Infinitiv**	
Modalverben	Ich habe als Kind nie Schokolade *essen*	***dürfen.***
	Ich habe keine Aufgabe *lösen*	***können.***
lassen *brauchen*	Ich habe mein Fahrrad im Hof *stehen*	***lassen.***
	Er hat nicht *(zu) kommen*	**brauchen.**
Verben der Wahrnehmung wie *hören, sehen*	Ich habe das Auto nicht *kommen*	***sehen.***
	Der Hund hat uns *kommen*	***hören.***

▶ In diesen Konstruktionen hat der **Infinitiv** die Funktion eines Partizips Perfekt.

▶ Diese Besonderheit gilt für folgende zusammengesetzte Zeiten:

*Sie **hat** nicht kommen **können.***   Perfekt
*Zuerst **hatte** er nicht so viel Geld ausgeben **wollen.***   Plusquamperfekt
*Wir **hätten** ihn besuchen **sollen.***   Konjunktiv

▶ **Aber:** Das **Partizip Perfekt** steht immer dann, wenn diese Verben ohne Infinitiv benutzt werden.

*Das habe ich nie **gedurft**.*
*Er hat mich nicht in Ruhe **gelassen**.*
*Zwei Aufgaben hätte ich nicht **gekonnt**.*

3. Imperfekt / Präteritum / Vergangenheit

Verwendung

*Es **war** spätabends, als K. **ankam**.* (Kafka)	typisches Erzähltempus der literarischen Sprache
*Am 9.11.1989 **fiel** die Berliner Mauer.*	Wiedergabe von historischen Ereignissen
*Die Kirche **wurde** 1410 erbaut.*	bei Vorträgen und Führungen
*Gestern **war** ich im Kino. Es **gab** den neuen James Bond.*	häufige Verben wie *sein, haben*, Modalverben und Verben wie *geben, heißen*
*Starker Schneefall **führte** zu zahlreichen Unfällen auf den Straßen.*	Nachrichtensprache
*Wie **war** Ihr Name?*	höfliche Nachfrage

Formen
Regelmäßige Verben

	Verbstamm (+ **e**) +	**Endung**	
	lachen	**warten**	**rechnen**
ich	lach | **te**	wart **ete**	rechn **ete**
du	lach | **test**	wart **etest**	rechn **etest**
er/sie/es	lach | **te**	wart **ete**	rechn **ete**
wir	lach | **ten**	wart **eten**	rechn **eten**
ihr	lach | **tet**	wart **etet**	rechn **etet**
sie/Sie	lach | **ten**	wart **eten**	rechn **eten**
	sammeln, ändern	*antworten, reden*	*atmen, trocknen*

▶ Zusätzliches **e** wegen Aussprache: *er arbeit**e**te, er atm**e**te*

Unregelmäßige Verben

Verbstamm mit **Vokalwechsel** + (**e**) / verkürzte	**Endung**	
geben	**bitten**	**sitzen**
ich	gab	bat	saß
du	gab st	bat (**e**)st	saß **t**
er/sie/es	gab	bat	saß
wir	gab en	bat en	saß en
ihr	gab t	bat et	saß t
sie/Sie	gab en	bat en	saß en

▶ Diese Konjugation gilt für alle unregelmäßigen Verben ⇨ ab **VT 15** und für alle Hilfs- und Modalverben ⇨ **VT 1-9.**

▶ Bei den Verben der **gemischten Konjugation** ⇨ **VT 22, 40, 62** gilt:

Verbstamm mit **Vokalwechsel** +	**Endung**	
kennen	**bringen**	
ich	kann **te**	brach te
du	kann **test**	brach test
er/sie/es	kann **te**	brach te
wir	kann **ten**	brach ten
ihr	kann **tet**	brach tet
sie/Sie	kann **ten**	brach ten

4. Plusquamperfekt / Vergangenheit

Verwendung

*Als sie am Bahnhof ankamen, **war** der Zug bereits abgefahren.*	Vorzeitigkeit gegenüber dem Imperfekt und Perfekt

Formen
Hilfsverben

	hatte/war + Partizip Perfekt			
	lachen		**fahren**	
ich	**hatte**	gelacht	**war**	gefahren
du	**hattest**	gelacht	**warst**	gefahren
er/sie/es	**hatte**	gelacht	**war**	gefahren
wir	**hatten**	gelacht	**waren**	gefahren
ihr	**hattet**	gelacht	**wart**	gefahren
sie/Sie	**hatten**	gelacht	**waren**	gefahren

▶ Die Hilfsverben *haben/sein* stehen im Indikativ Imperfekt.

▶ Weitere Regeln für Hilfsverben *haben/sein* ⇨ S. 120

Partizip Perfekt / Partizip II

▶ Siehe Regeln ⇨ S. 121

5. Futur I + II / Zukunft

Verwendung

Futur I	Futur II *(Abgeschlossenes in der Zukunft)*	
*Wir **werden** uns mit Ihnen in Verbindung **setzen**.*	*Nächste Woche **werden** alle Gäste wieder **abgereist sein**.*	Zukünftiges / Ankündigung
*Die Arbeitslosenzahlen **werden** im Frühjahr wieder **sinken**.*	*Das **wirst** du bald wieder **vergessen haben**.*	Vorausschau / Prognose
*Er **wird** sicher gleich **kommen**.*	*Es **wird** doch hoffentlich nichts **passiert sein**!*	Vermutung / Erwartung / Befürchtung / Hoffnung
*Ihr **werdet** euch sofort **entschuldigen**!*		Aufforderung im Befehlston / Drohung

Formen
Hilfsverben

	Futur I		Futur II	
	wird + Infinitiv Präsens		**wird** + Infinitiv Perfekt	
	ausschlafen		**vergessen**	
ich	**werde**	ausschlafen	**werde**	vergessen haben
du	**wirst**	ausschlafen	**wirst**	vergessen haben
er/sie/es	**wird**	ausschlafen	**wird**	vergessen haben
wir	**werden**	ausschlafen	**werden**	vergessen haben
ihr	**werdet**	ausschlafen	**werdet**	vergessen haben
sie/Sie	**werden**	ausschlafen	**werden**	vergessen haben

Infinitiv Perfekt

▶ **Infinitiv Perfekt** wird gebildet mit Partizip Perfekt + *haben/sein*:
  lachen → *gelacht* haben   *gehen* → *gegangen* sein

▶ Weitere Regeln für **Hilfsverben** *haben/sein* ⇨ **S. 120**

▶ Weitere Regeln für **Partizip Perfekt** ⇨ **S. 121**

6. Konjunktiv I

Verwendung

Man sagt, Chinesisch **sei** eine schwere Sprache. Der Politiker behauptete, er **habe** alles **versucht.** Alle glauben, sie **werde** die Wahl **gewinnen.**	indirekte Rede Gegenwart Vergangenheit Zukunft
Möge dein Wunsch in Erfüllung gehen! Er **lebe** hoch! Er **ruhe** in Frieden! / Gott **schütze** dich!	formelhafter Ausdruck eines Wunsches, z. B. zum Geburtstag im religiösen Kontext

Formen
Gegenwart

	Verbstamm + **Endung**		
	lachen	**ändern**	**lesen**
ich	lach | **e**	änder e	les e
du	lach | **est**	änder est	les est
er/sie/es	lach | **e**	änder e	les e
wir	lach | **en**	änder en	les en
ihr	lach | **et**	änder et	les et
sie/Sie	lach | **en**	änder en	les en
	warten, rechnen	*erinnern, verhindern*	*sprechen, schlafen*

▶ Konjunktiv I nennt man auch Konjunktiv Präsens.

▶ Bildung Konjunktiv I: Verbstamm Indikativ Präsens = Verbstamm Konjunktiv I:
 lach|en → *er lach|e*

▶ Verben mit Vokalwechsel im Indikativ Präsens sind im Konjunktiv I regelmäßig:
 lesen → Ind. Präs. *er liest*
     Konj. I   *er lese*

▶ Verben mit Endung *-eln* wie z. B. *handeln* haben im Konjunktiv I **kein e** im Verbstamm:
 ich   handle   wir   handlen
 du   handlest   ihr   handlet
 er/sie/es handle   sie/Sie handlen

▶ Konjunktiv I kann durch Konjunktiv II oder die *würde*-Form ersetzt werden, vor allem wenn Konjunktiv I und Indikativ identisch sind, z. B.
 ich komme → *ich käme / ich würde kommen*

▶ Konjunktiv I-Formen in der indirekten Rede findet man fast nur in der Nachrichtensprache (Radio, TV, Zeitung). Sie müssen beim Lesen und Hören rezeptiv erkannt werden.

Vergangenheit

	habe/sei	+ Partizip Perfekt		
	lachen		**kommen**	
ich	**habe**	gelacht	**sei**	gekommen
du	**habest**	gelacht	**sei(e)st**	gekommen
er/sie/es	**habe**	gelacht	**sei**	gekommen
wir	**haben**	gelacht	**seien**	gekommen
ihr	**habet**	gelacht	**seiet**	gekommen
sie/Sie	**haben**	gelacht	**seien**	gekommen

▶ Die Hilfsverben *haben/sein* stehen im Konjunktiv Präsens, weitere Regeln ⇨ **S. 120**

▶ Konjunktiv I kann durch Konjunktiv II ersetzt werden, z.B. *ich habe gelacht* → *ich hätte gelacht*

▶ Weitere Regeln für Partizip Perfekt ⇨ **S. 121**

Zukunft

	werde	+ Infinitiv Präsens / Infinitiv Perfekt
	ändern	
ich	**werde**	ändern/geändert haben
du	**werdest**	ändern/geändert haben
er/sie/es	**werde**	ändern/geändert haben
wir	**werden**	ändern/geändert haben
ihr	**werdet**	ändern/geändert haben
sie/Sie	**werden**	ändern/geändert haben

▶ Das Hilfsverb *werden* steht im Konjunktiv Präsens.

7. Konjunktiv II

Verwendung

Ich **wäre** gern ein bisschen größer. Fast **hätte** er das Spiel **gewonnen**.	irreale Wünsche und Aussagen Gegenwart Vergangenheit
Wenn Opa noch **leben würde**, **wäre** er jetzt 100. **Wärst** du **gekommen**, **hättest** du ihn **gesehen**.	irreale Bedingungen Gegenwart Vergangenheit
Könnten Sie mir bitte sagen, wie spät es ist? **Würdest** du mir einen Gefallen **tun**?	höfliche Bitte in Form einer Frage
Es sieht aus, als ob es gleich **regnen würde**. Er tut so, als **hätte** er die große Karriere **gemacht**.	irreale Vergleiche Gegenwart Vergangenheit
Man sagt, Chinesisch **wäre** eine schwere Sprache. Eva behauptet, sie **hätte** in der Prüfung alles **gewusst**.	indirekte Rede Gegenwart Vergangenheit

Formen
Gegenwart

Regelmäßige Verben + Verben der gemischten Konjugation

	Verbstamm (+ **e**) +	**Endung**	/	**würde-**	+ Infinitiv		
	lachen					**warten**	**kennen**
ich	lach	**te**		**würde**	lachen	wart ete	kenn te
du	lach	**test**		**würdest**	lachen	wart etest	kenn test
er/sie/es	lach	**te**		**würde**	lachen	wart ete	kenn te
wir	lach	**ten**		**würden**	lachen	wart eten	kenn ten
ihr	lach	**tet**		**würdet**	lachen	wart etet	kenn tet
sie/Sie	lach	**ten**		**würden**	lachen	wart eten	kenn ten
	sammeln, ändern					*reden, rechnen, atmen*	**gemischte Konjugation**

▶ Konjunktiv II nennt man auch Konjunktiv Imperfekt.

▶ Oft wird die *würde*-Form verwendet – statt der Konjunktiv-II-Form.

▶ **Aber:** *brauchen* → *ich bräuchte*

Unregelmäßige Verben

	Verbstamm Imperfekt (mit **Umlaut**) +		**Endung**	
	gehen		**kommen**	
ich	ging	**e**	käm	**e**
du	ging	**est**	käm	**est**
er/sie/es	ging	**e**	käm	**e**
wir	ging	**en**	käm	**en**
ihr	ging	**et**	käm	**et**
sie/Sie	ging	**en**	käm	**en**

▶ Im Konjunktiv II werden die Stammvokale des Imperfekts *a/o/u* zu *ä/ö/ü*:
   er kam → *er käme*   *er verlor* → *er verlöre*   *er fuhr* → *er führe*

▶ In der Umgangssprache häufig kein Endungs-*e*: *ich käm – du kämst – er käm – ihr kämt*

▶ Hilfs- und Modalverben ⇨ **VT 1-9**

▶ Oft wird die *würde*-Form verwendet – statt der Konjunktiv-II-Form.
   er würde gehen   *er würde kommen*

Vergangenheit

	hätte/wäre	+ Partizip Perfekt		
	kennen		**kommen**	
ich	**hätte**	gekannt	**wäre**	gekommen
du	**hättest**	gekannt	**wär(e)st**	gekommen
er/sie/es	**hätte**	gekannt	**wäre**	gekommen
wir	**hätten**	gekannt	**wären**	gekommen
ihr	**hättet**	gekannt	**wär(e)t**	gekommen
sie/Sie	**hätten**	gekannt	**wären**	gekommen

▶ Die Hilfsverben *haben/sein* stehen im Konjunktiv Imperfekt.

▶ Weitere Regeln für Hilfsverben *haben/sein* ⇨ **S. 120**

▶ Siehe Regeln für Partizip Perfekt ⇨ **S. 121**

8. Imperativ

Verwendung

Komm *mal bitte her!* **Schlaft** *jetzt endlich!*	Bitte, Aufforderung, Befehl
Gehen wir. **Lasst** *uns nach Hause gehen.*	Vorschlag
Trink *nicht so viel Cola!*	Ratschlag
Halten *Sie sich an die vorgeschriebene Geschwindigkeit.*	Warnung, Hinweis

▶ Nach Imperativ kann ein Ausrufezeichen (= !) stehen. Mit dem Ausrufezeichen bekommt die Aussage eine starke Wirkung.

Formen

	Verbstamm (+ **e**) / **Verkürzung** + Endung		
	gehen	**warten**	**entschuldigen**
(du)	geh -	wart **e**	entschuldig **e**
(wir)	geh **en** wir	wart en wir	entschuldig en wir
(ihr)	geh **t**	wart **et**	entschuldig t
(Sie)	geh **en** Sie	wart en Sie	entschuldig en Sie
		reden, rechnen, atmen	*verwirklichen*

▶ In der Umgangssprache in der du-Form häufig kein Endungs-*e* bei Verben wie
Wart mal!
Red langsamer!

	Verbstamm (+ **e**) / **Verkürzung** + Endung	
	sammeln	**ändern**
(du)	sam**ml e**	änder **e**
(wir)	sammel **n** wir	änder **n** wir
(ihr)	sammel t	änder t
(Sie)	sammel **n** Sie	änder **n** Sie
	entwickeln, handeln	*erinnern, verbessern*

▶ In der Umgangssprache in der du-Form häufig kein Endungs-*e* bei Verben wie
*Dräng**el** nicht so.*
*Änd**er** bitte diesen Satz.*

▶ Folgende Verben sind im Imperativ regelmäßig – anders als im Präsens.

Schlaf endlich!	*(du schläfst)*
Lauf schneller!	*(du läufst)*
Hab Geduld.	*(du hast)*
Sei still!	*(du bist)*
Werd(e) endlich erwachsen!	*(du wirst)*

Besonderheit

	Verbstamm + **Vokalwechsel** + Endung		
	sprechen	**lesen**	**nehmen**
(du)	sprich	lies	nimm
(wir)	sprech en wir	les en wir	nehm en wir
(ihr)	sprech t	les t	nehm t
(Sie)	sprech en Sie	les en Sie	nehm en Sie

▶ In der Umgangssprache wird bei manchen Verben auch die regelmäßige Form benutzt:
Standardsprache: → *Lies doch mal ein Buch.* → *Les doch mal...*
Umgangssprache: → *Empfiehl mir mal einen guten Wein.* → *Empfehl doch mal...*

9. Vorgangspassiv

Verwendung

*Das Buch **wird** Ende des Jahres **veröffentlicht**.* *Jetzt **wird geschlafen**!*	Vorgang Aufforderung, Befehl

Formen

	werden + Partizip Perfekt		
Indikativ			**Modalverb + Passiv**
Präsens	er/sie/es **wird**	gesucht	**muss** gefragt werden
Imperfekt	er/sie/es **wurde**	gesucht	**musste** gefragt werden
Perfekt	er/sie/es **ist**	gesucht **worden**	**hat** gefragt werden **müssen**
Plusquamperfekt	er/sie/es **war**	gesucht **worden**	**hatte** gefragt werden **müssen**
Futur I	er/sie/es **wird**	gesucht **werden**	**wird** gefragt werden **müssen**
Futur II	er/sie/es **wird**	gesucht **worden sein**	-
Konjunktiv I			
Gegenwart	er/sie/es **werde**	gesucht	**müsse** gefragt werden
Vergangenheit	er/sie/es **sei**	gesucht **worden**	**habe** gefragt werden **müssen**
Zukunft: Futur I	er/sie/es **werde**	gesucht **werden**	**werde** gefragt werden **müssen**
Zukunft: Futur II	er/sie/es **werde**	gesucht **worden sein**	-
Konjunktiv II			
Gegenwart/Zukunft	er/sie/es **würde**	gesucht **werden**	**müsste** gefragt werden
Zukunft: Futur II	er/sie/es -		**müsste** gefragt worden sein
Vergangenheit	er/sie/es **wäre**	gesucht **worden**	**hätte** gefragt werden **müssen**

▶ Konjugation von *werden* ⇨ **VT 3**

▶ Regeln zum Partizip Perfekt ⇨ **S. 121**

▶ Konjugation der Modalverben ab ⇨ **VT 4**

▶ Bei Modalverben + Passiv steht das Passiv im Infinitiv:
   *Er muss   **gefragt werden**.*   Infinitiv **Präsens** Passiv
   *Er müsste **gefragt worden sein**.*   Infinitiv **Perfekt** Passiv

▶ Passiv im Nebensatz: ⇨ **S. 140**
   *Weißt du, ob die Tasche **wiedergefunden wurde**?*
   *Wir glauben, dass die Konferenz besser **hätte organisiert werden können**.*

10. Zustandspassiv

Verwendung

*Die Straße **ist gesperrt**.* *Alle Geschäfte **sind** heute **geschlossen**.*	Zustand / Situation

Formen

	sein + Partizip Perfekt		
Indikativ			**Modalverb + Passiv**
Präsens	er/sie/es **ist**	gedopt	**kann** gedopt sein
Imperfekt	er/sie/es **war**	gedopt	-
Perfekt	er/sie/es **ist**	gedopt **gewesen**	-
Plusquamperfekt	er/sie/es **war**	gedopt **gewesen**	-
Futur I	er/sie/es **wird**	gedopt **sein**	-
Futur II	er/sie/es **wird**	gedopt **gewesen sein**	-
Konjunktiv I			
Gegenwart	er/sie/es **sei**	gedopt	**könne** gedopt sein
Vergangenheit	er/sie/es **sei**	gedopt **gewesen**	-
Zukunft: Futur I	er/sie/es **werde**	gedopt **sein**	-
Konjunktiv II			
Gegenwart/Zukunft	er/sie/es **wäre**	gedopt	**könnte** gedopt sein
Vergangenheit	er/sie/es **wäre**	gedopt **gewesen**	**hätte** gedopt sein **können**
Zukunft: Futur II	er/sie/es -	-	**könnte** gedopt gewesen sein

▶ Konjugation von *sein* ⇨ **VT 2**

▶ Regeln zum Partizip Perfekt ⇨ **S. 121**

▶ Bei Modalverben + Passiv steht das Passiv im Infinitiv:
  kann ***gedopt sein*** Infinitiv **Präsens** Passiv
  könnte ***gedopt gewesen sein*** Infinitiv **Perfekt** Passiv

▶ Konjugation der Modalverben ab ⇨ **VT 4**

▶ Passiv im Nebensatz: ⇨ **S. 140**

11. Trennbare und untrennbare Verben

Sie **gibt** den Text in den Computer **ein**.	**Typ a**	trennbar	+ Partizip **mit**	ge
Sein Schulabschluss ist in Deutschland nicht **anerkannt**.	**Typ b**	trennbar	+ Partizip **ohne**	ge
Der Verkäufer hat mir die Kamera **empfohlen**.	**Typ c**	untrennbar	+ Partizip **ohne**	ge
In diesem Hotel sind Sie gut **untergebracht**.	**Typ da**	trennbar	+ Partizip **mit**	ge
Er hat eine Klasse **übersprungen**.	**dc**	untrennbar	+ Partizip **ohne**	ge

Typ a	aufmachen	**trennbar** + Partizip **mit *ge***	
	Präsens	**Perfekt**	**Futur**
ich	mache auf	habe auf**ge**macht	werde aufmachen
du	machst auf	hast auf**ge**macht	wirst aufmachen
er/sie/es	macht auf	hat auf**ge**macht	wird aufmachen
wir	machen auf	haben auf**ge**macht	werden aufmachen
ihr	macht auf	habt auf**ge**macht	werdet aufmachen
sie/Sie	machen auf	haben auf**ge**macht	werden aufmachen

▶ Der Wortakzent liegt auf der trennbaren Vorsilbe: <u>auf</u>machen ⟶ hat <u>auf</u>gemacht

▶ Verben mit folgenden Vorsilben sind trennbar:

ab	entlang-	(he)rein-	hinein-	überein-	**weg-**
an-	fehl-	(he)rüber-	hinunter-	umher-	**weiter-**
auf-	**fort-**	(he)runter-	hinzu-	umhin-	**zu-**
aus-	gegen-	hervor-	**mit-**	**vor-**	zurecht-
bei-	heim-	**hin-**	**nach-**	voraus-	**zurück-**
dar-	**her-**	hinab-	nieder-	vorbei-	**zusammen-**
ein-	(he)rauf-	hinauf-	statt-	vorher-	zuvor-
entgegen-	(he)raus-	hinaus-	teil-	vorüber-	

▶ Folgende Vorsilben sind trennbar, können aber zum Teil auch frei vor dem Verb stehen: Siehe Wörterbuch mit *aktueller* Rechtschreibung zur Zusammen- und Getrenntschreibung.

(da-) z. B.	(-einander), z. B.	fest-	hinterher-	nahe-
dabei-	auseinander-	frei-	hoch-	offen-
d(a)ran-	durcheinander-	gegenüber-	leid-	quer-
davon-	voneinander-	gleich-	los-	tot-
				weh-

▶ **Bei Verben mit mehreren trennbaren Vorsilben** steht im Partizip Perfekt das *ge* direkt vor dem Verbstamm:
auf|bauen ⟶ wieder|auf|bauen ⟶ hat wiederauf**ge**baut

Typ b

	abbestellen		**trennbar** + Partizip **ohne** *ge*	
	Präsens	**Perfekt**		**Futur**
ich	bestelle ab	habe abbestellt		werde abbestellen
du	bestellst ab	hast abbestellt		wirst abbestellen
er/sie/es	bestellt ab	hat abbestellt		wird abbestellen
wir	bestellen ab	haben abbestellt		werden abbestellen
ihr	bestellt ab	habt abbestellt		werdet abbestellen
sie/Sie	bestellen ab	haben abbestellt		werden abbestellen

▶ Der Wortakzent liegt auf der trennbaren Vorsilbe:
  ạbbestellen → *hat ạbbestellt*   *ẹinbezahlen* → *hat ẹinbezahlt*

▶ **Verben mit zwei Vorsilben:** Partizip immer **ohne** *ge*, auch wenn eine trennbare Vorsilbe **vor** einer untrennbaren Vorsilbe steht:
  ab|be|stellen → *hat abbestellt*   *an|er|kennen* → *hat anerkannt*

Typ c

	erfahren		**untrennbar** + Partizip **ohne** *ge*	
	Präsens	**Perfekt**		**Futur**
ich	erfahre	habe erfahren		werde erfahren
du	erfährst	hast erfahren		wirst erfahren
er/sie/es	erfährt	hat erfahren		wird erfahren
wir	erfahren	haben erfahren		werden erfahren
ihr	erfahrt	habt erfahren		werdet erfahren
sie/Sie	erfahren	haben erfahren		werden erfahren

▶ Der Wortakzent liegt nicht auf der untrennbaren Vorsilbe, sondern auf dem Stammvokal des
  Verbs: *erfạhren*   → *hat erfạhren*
      widersprẹchen → *hat widersprọchen*
      bezạhlen   → *hat bezạhlt*
      verạnschaulichen → *hat verạnschaulicht*

▶ Verben mit folgenden Vorsilben sind untrennbar:

be-	emp-	ent-	er-	ge-	hinter-	miss-	ver-	zer-

▶ **Verben mit zwei Vorsilben:**
  Auch wenn eine untrennbare Vorsilbe vor einer trennbaren Vorsilbe steht → Partizip **ohne** *ge*:
  be|ein|flussen → *hat beeinflusst*   *ver|an|schaulichen* → *hat veranschaulicht*

Trennbare und untrennbare Verben

Typ da/dc

Zieh dir eine Jacke **_über_**! _Ich habe mir die Jacke schon **übergezogen**._	**trennbar:** Wortakzent _<u>ü</u>berziehen_
Überzieh nicht schon wieder dein Konto. _Ich habe das Konto nicht **überzogen**._	**untrennbar:** Wortakzent _überz<u>ie</u>hen_

▶ Die Position des Wortakzents bestimmt die Bedeutung des Verbs: _<u>ü</u>berziehen/überz<u>ie</u>hen_.

▶ Verben mit folgenden Vorsilben können trennbar oder untrennbar sein:

durch-	über-	um-	unter-	voll-	wider-	wieder-

▶ Die Vorsilben _voll-, wieder-_ können, nur wenn sie trennbar sind, auch frei vor dem Verb stehen: Siehe Wörterbuch mit _aktueller_ Rechtschreibung zur Zusammen- und Getrenntschreibung.

Typ da | _<u>ü</u>berziehen_   **trennbar + Partizip mit _ge_**

	Präsens	Perfekt	Futur
ich	ziehe über	habe übergezogen	werde überziehen
du	ziehst über	hast übergezogen	wirst überziehen
er/sie/es	zieht über	hat übergezogen	wird überziehen
wir	ziehen über	haben übergezogen	werden überziehen
ihr	zieht über	habt übergezogen	werdet überziehen
sie/Sie	ziehen über	haben übergezogen	werden überziehen

Typ dc | _überz<u>ie</u>hen_   **untrennbar + Partizip ohne _ge_**

	Präsens	Perfekt	Futur
ich	überziehe	habe überzogen	werde überziehen
du	überziehst	hast überzogen	wirst überziehen
er/sie/es	überzieht	hat überzogen	wird überziehen
wir	überziehen	haben überzogen	werden überziehen
ihr	überzieht	habt überzogen	werdet überziehen
sie/Sie	überziehen	haben überzogen	werden überziehen

12. Reflexive Verben

Verwendung

Wir haben *uns* gut *unterhalten.* *Du* solltest *dich* erst mal *waschen!*	Reflexivpronomen **im Akkusativ**
Hast **du** **dir** *schon die Hände* **gewaschen?** *Ich* **hole** **mir** *jetzt eine Pizza.*	Reflexivpronomen **im Dativ**

Formen

	waschen	sich [A]
ich	wasche	**mich**
du	wäschst	**dich**
er/sie/es	wäscht	**sich**
wir	waschen	**uns**
ihr	wascht	**euch**
sie/Sie	waschen	**sich**

	waschen	sich [D]	+ Akkusativ
ich	wasche	**mir**	
du	wäschst	**dir**	
er/sie/es	wäscht	**sich**	die Hände
wir	waschen	**uns**	
ihr	wascht	**euch**	
sie/Sie	waschen	**sich**	

▶ Wenn das Verb eine Akkusativ-Ergänzung hat, muss das **Reflexivpronomen im Dativ** stehen.
   Ich leihe **mir** *kurz dein Fahrrad.*
   Ich überlege es **mir.**

13. Verbstellung

Verbstellung im Hauptsatz

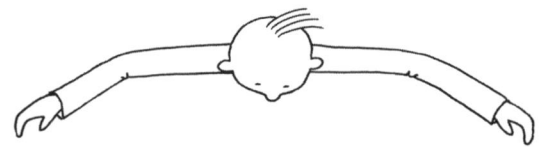

Position		Verb 1			Verb 2 Satzende	
0	1	2				
	Sie	**ist**	sehr sportlich.			*Präsens*
	Der Zug	**kommt**	um 3 Uhr in Frankfurt	**an.**		*trennbares Verb*
	Wir	**müssen**	um 8 Uhr zu Hause	**sein.**		*Modalverb + Infinitiv*
	Um 10 Uhr	**sind**	wir nach Hause	**gegangen.**		*Perfekt*
	Das Hotel	**wurde**	uns	**empfohlen.**		*Passiv*
		Trink	das bitte.			*Imperativ*
		Kennen	Sie ein gutes Restaurant?			*Ja/Nein-Frage*
	Wann	**fährst**	du in Urlaub?			*W-Frage*
	Wenn du kommst,	**koche**	ich für uns.			*Nebensatz + Hauptsatz*
Aber	wir	**müssen**	uns bald wieder	**treffen.**		*Konjunktion + Hauptsatz*

▶ Das Verb im Satz kann zweiteilig sein: Verb 1 + Verb 2

▶ An Position 2 steht im Hauptsatz immer das konjugierte Verb Verb 1 , rechts oder links davon steht das Subjekt.

▶ Verb 2 steht fast immer an der letzten Position im Satz.

  Am Ende (und Anfang) des Satzes stehen die wichtigsten Informationen,
  z. B. *Die Uhr geht **vor**. / Die Uhr geht **nach**.*
  oder: *Tim ist nach 7 Stunden Flug vollkommen erschöpft **in Berlin angekommen**.*

▶ Folgende Konjunktionen stehen immer an **Position 0**: *und, oder, aber, denn, sondern.*

▶ Bei Fragen steht Verb 1 vor dem Subjekt.

Sprechen	*Sie*	*Deutsch?*
Wie lange ***lernen***	*Sie*	*schon Deutsch?*

Verbstellung bei Verb 2

	Verb 1		Verb 2 Infinitiv	Part. Perf.	
Das Auto	**muss**	heute noch	**repariert werden.**		*Modalverb im Präsens + Infinitiv Passiv*
Sie	**muss**	schon vor 7 nach Hause	**gegangen sein.**		*Modalverb im Präsens + Infinitiv Perfekt*
Ich	**habe**	um 21 Uhr nach Hause	**gehen**	**müssen*.**	*Modalverb im Perfekt + Infinitiv Präsens*
Der Brief	**hat**	wegen Zeitmangels nicht	**beendet werden**	**können*.**	*Modalverb im Perfekt + Infinitiv Passiv*
Sie	**hätte**		**gedopt sein**	**können*.**	*Modalverb im Konj. II + Infinitiv Passiv*
Er	**wird**	Geldprobleme	**gehabt haben.**		*Futur II + Infinitiv Perfekt*
Sie	**hat**	mit 16 Auto	**fahren**	**gelernt.**	*bestimmte Verben im Perfekt* ⇨ **S.124**

* Partizip Perfekt = Infinitiv ⇨ S. 121

▶ Verb 2 kann aus Infinitiv Präsens und Infinitiv Perfekt bestehen.

	Aktiv		Passiv	
Infinitiv Präsens	er muss	**gehen**	das Auto muss er muss	**repariert werden** **gedopt sein**
Infinitiv Perfekt	sie muss	**gegangen sein**	sie dürfte er muss	**informiert worden sein** **gedopt gewesen sein**

Verbstellung

Verbstellung im Nebensatz

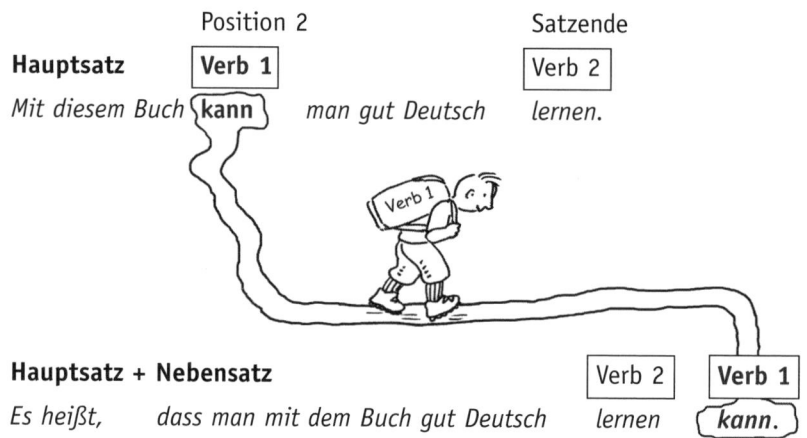

	Position 2		Satzende
Hauptsatz	**Verb 1**		Verb 2
Mit diesem Buch	kann	man gut Deutsch	lernen.

		Verb 2	Verb 1
Hauptsatz + Nebensatz			
Es heißt,	dass man mit dem Buch gut Deutsch	lernen	kann.

Hauptsatz	Nebensatz		Verb 2	Verb 1	
			Verb 2	**Verb 1**	
Du musst jetzt los,	wenn	du früher nach Hause	kommen	**willst.**	Modalverb + Infinitiv
Weißt du schon,	wann	du aus Berlin		**zurückkommst?**	trennbares Verb
Es ist nicht klar,	ob	er schon gestern	angekommen	**ist.**	Perfekt
Ich habe gehört,	dass	in diesem Lokal viel	geraucht	**wird.**	Passiv

▶ Im Nebensatz steht das konjugierte Verb Verb 1 am Satzende: Verb 1 steht also **nach** Verb 2.

▶ **Aber:** Bei folgenden Verben steht im Nebensatz Verb 1 **vor** Verb 2:

Hauptsatz	Nebensatz		Verb 1	Verb 2	
			Verb 1	**Verb 2**	
				Infinitiv(e)	**Part. Perf.**
Er kommt nicht,	weil	er zum Arzt	**hat**	gehen	müssen.
Mich ärgert,	dass	er alle seine Sachen	**hat**	liegen	lassen.
Sie öffnet die Tür,	weil	sie ihn	**hat**	kommen	hören.
Sie meinte,	dass	er mit uns	**hätte**	essen gehen	wollen.
Er wusste doch,	dass	die Blumen	**hätten**	gegossen werden	müssen.
Ich glaube,	dass	das Fahrrad da nicht	**wird**	stehen bleiben	dürfen.

▶ Diese Regel gilt nur für Modalverben und Verben wie *hören, lassen, sehen, helfen* und *bleiben, gehen, lehren, lernen* in allen zusammengesetzten Zeiten.

▶ Modalverben im Partizip Perfekt ➪ **S. 121**

14. Infinitiv-Konstruktionen mit *zu*

Verwendung

*Wir versuchen, ruhig **zu bleiben**.* *Ich hoffe, auch eingeladen **zu werden**.* *Vergiss nicht, den Computer **auszuschalten**.*	nach bestimmten Verben wie *aufhören, bitten, hoffen, verbieten, vergessen, versuchen* u.a.
*Die Maschine scheint **zu funktionieren**.*	nach *scheinen*
*Wir **haben** gerade viel **zu tun**.*	nach *haben* in der Bedeutung *müssen*
*Sie **brauchen** morgen **nicht** so früh **zu kommen**.*	nach *nicht brauchen* in der Bedeutung „nicht müssen"
*Er ist wirklich **zu bedauern**.* *Das Ergebnis bleibt **abzuwarten**.*	nach *sein/bleiben* in passiver + modaler Bedeutung
*Ich habe jetzt keine Lust, Grammatik **zu lernen**.* *Haben Sie nächste Woche Zeit, auf die Messe **zu fahren**?*	nach bestimmten Nomen
*Es ist nicht leicht, eine Fremdsprache **zu lernen**.*	nach bestimmten unpersönlichen Ausdrücken
*Ich schwimme täglich, **um** mich fit **zu halten**.*	***um zu*** Wunsch/Absicht (finale Bedeutung) verkürzter *damit*-Satz:
*Sie verließen das Restaurant, **ohne** bezahlt **zu haben**.*	***ohne zu*** Erwartung, die nicht eingetreten ist verkürzter *ohne dass*-Satz
***Statt zu arbeiten**, sitzt er nur faul herum.*	***statt/anstatt zu*** anderes Verhalten als erwartet verkürzter *(an)statt dass*-Satz

Formen

	zu + Infinitiv		
	Infinitiv Präsens	**Infinitiv Perfekt**	**Infinitiv Passiv**
einfaches Verb	**zu** lernen	gelernt **zu** haben	gefragt **zu** werden/sein
trennbares Verb	an**zu**fangen	angefangen **zu** haben	eingeladen **zu** werden/sein
untrennbares Verb	**zu** vergessen	vergessen **zu** haben	benutzt **zu** werden/sein
zwei Infinitive	tanzen **zu** lernen	gelernt **zu** haben	-
Modalverb + Infinitiv	arbeiten **zu** können	-	-

▶ Infinitiv-Konstruktion mit *um zu, ohne zu, (an)statt zu* als Ersatz für einen Nebensatz ist nur möglich, wenn Haupt- und Nebensatz dasselbe Subjekt haben, z. B.

*Ich arbeite, damit **ich** in Urlaub fahren kann.* → *Ich arbeite, **um** in Urlaub fahren **zu** können.*
*Ich arbeite, damit **wir** in Urlaub fahren können.* → Infinitiv-Konstruktion *nicht* möglich!

15. Partizipien

Verwendung

*Fragen Sie Ihren **behandelnden** Arzt.* *Wegen der **gestiegenen** Mietkosten habe ich* *jeden Monat zu wenig Geld.* *Die Polizei nahm dem **betrunkenen** Autofahrer* *den Führerschein ab.*	als **Adjektiv** in **aktiver** Bedeutung
*Sie können die **bestellten** Bücher morgen* *abholen.* *Für das Rezept brauchen wir klein **geschnittene** Karotten.* *Die **zu bezahlende** Summe beläuft sich auf 200 €.*	als **Adjektiv** in **passiver** Bedeutung
***Weinend** rannte sie aus dem Zimmer.* *Die Mannschaft hat **verdient** gewonnen.*	als **Adverb**
*Das Gespräch war **bereichernd**.* *Der Autofahrer war **betrunken**.*	als **Verb-Ergänzung**
***Der Vorsitzende** kam zu spät.* *Wo sind **die** zwei frisch **Verliebten**?*	als **Nomen**

Formen

	Partizip Präsens	Gerundiv *zu* + Partizip Präsens	Partizip Perfekt		
	Infinitiv + **d**		**ge** + Verbstamm + **t** / **en**		
regelmäßig	spielen **d**	zu spielen **d**		**ge** spiel	**t**
unregelmäßig	lesen **d**	zu lesen **d**		**ge** les	**en**
trennbar	abnehmen **d**	abzunehmen **d**	ab **ge**	nomm	**en**
untrennbar	beruhigen **d**	zu beruhigen **d**		**be** ruhig	**t**

▶ Partizipien werden wie **Adjektive** dekliniert
  beim Nomen: *die lachend-**en** Kinder*   *der verloren-**e** Schlüssel*
  als Nomen: *der Angestellt-**e***   *die Suchend-**en***

▶ Partizipien stehen nicht im Wörterbuch, außer sie sind „lexikalisiert",
  z. B. *spannend, wütend, verrückt, betrunken*
  oder *die Anwesenden, der Vorsitzende, der Bekannte, die Geliebte*

▶ In der geschriebenen Sprache können Partizipien/Gerundive erweitert werden, z. B.
  *Das **angekündigte** Konzert*
  *Das **groß angekündigte** Konzert*
  *Das **in der Presse groß angekündigte** Konzert*
  *Das **vor drei Wochen in der Presse groß angekündigte** Konzert muss leider ausfallen.*

16. Infinitiv als Nomen

Verwendung

Kochen *macht Spaß.* *Hör mit dem* **Rauchen** *auf.*	statt einer Infinitivkonstruktion
Beim Joggen *kann ich mich gut entspannen.* *Ich brauche noch Zeit* **zum Nachdenken.** *Ich gehe jetzt* **zum Tennisspielen.**	nach Präpositionen
Die Augentropfen können ein kurzes **Brennen** *verursachen.* *Bei dieser Übung spürt man ein* **Ziehen** *im Oberschenkel.*	in Fachsprachen
Lachen *ist gesund.* **Schenken** *macht Freude.* **Reden** *ist Silber,* **Schweigen** *ist Gold.*	in Redewendungen und Sprichwörtern
auf **Wiedersehen** */ aus* **Versehen** */ im* **Vertrauen** */* *mit* **Vergnügen** */ ohne* **Zögern**	bei festen Wendungen

Formen

Artikel **das/ein** + Infinitiv als **Nomen**	
denken	**das** Denken
kennen lernen	**das** Kennenlernen
schnell fahren	**das** Schnellfahren
Hände waschen	**das** Händewaschen
nach Hause gehen	**das** Nachhausegehen

▶ Nominalisierte Infinitive werden wie Nomen groß geschrieben.

▶ Nominalisierte Infinitive stehen nicht im Wörterbuch, außer sie sind „lexikalisiert",
z. B.: *Ich habe gestern ein* **Schreiben** *von der Schule bekommen.*
Viele deutsche **Unternehmen** *sind international tätig.*

Verbtabellen

52 **raten**＊ **rät - riet - hat geraten**

	Indikativ		Konjunktiv I	Konjunktiv II	Imperativ
	Präsens	Imperfekt	Gegenwart	Gegenwart/Zukunft	
ich	rat e	riet	rat e	riet e	⊖
du	rät st	riet ((e)st	rat est	riet est	rat e
er/sie/es	rät	riet	rat e	riet e	–
wir	rat en	riet en	rat en	riet en	rat en wir
ihr	rat et	riet et	rat et	riet et	rat et
sie/Sie	rat en	riet en	rat en	riet en	rat en Sie

Bildung der zusammengesetzten Verbformen ⇨ S. 101 ff.

1 Nummerierung
Die Verbtabellen sind von VT 1 bis VT 83 durchnummeriert. In der Verbliste ab S. 177 steht bei jedem Verb die Nummer der passenden Verbtabelle.
Zum Beispiel wird das Verb *braten*, das in der Verbliste auf Seite 183 zu finden ist –
braten .... 52 – wie das Verb *raten* in Verbtabelle VT 52 konjugiert.

2 Sternchen
Verben mit Sternchen stehen in der Wortschatzliste für die Prüfungen *Zertifikat B1* und *TELC B1*.

3 Formenreihe
Die Formenreihe mit Präsens – Imperfekt – Perfekt in der 3. Person Singular gibt die wichtigsten Informationen zur Konjugation des Verbs und ist zum Lernen und Nachschlagen gedacht. Besonderheiten wie Vokalwechsel sind fett gedruckt.

4 „–"
Diese Form ist nicht im Sprachgebrauch.

5 (e)
Das „e" ist fakultativ und kann vor allem in der gesprochenen Sprache wegfallen.

6 Besonderheiten
Vokalwechsel bzw. Umlaute sind besonders **markiert** .

7 Endungen
Die Verb-Endungen sind abgesetzt und dadurch sofort erkennbar.

8 Zusammengesetzte Verbformen
Die Bildung der zusammengesetzten Zeiten kann in der Grammatikübersicht ab S. 117 nachgeschlagen werden.
Mit dem Partizip Perfekt in der Formenreihe (siehe Punkt 3 oben) lassen sich alle zusammengesetzten Zeiten bilden.

1 **haben***   hat – hatte – hat gehabt

	Indikativ		Konjunktiv I	Konjunktiv II	Imperativ
	Präsens	Imperfekt	Gegenwart	Gegenwart/Zukunft	
ich	hab e	hat te	hab e	hät te	–
du	ha st	hat test	hab est	hät test	hab (e)
er/sie/es	ha t	hat te	hab e	hät te	–
wir	hab en	hat ten	hab en	hät ten	hab en wir
ihr	hab t	hat tet	hab et	hät tet	hab t
sie/Sie	hab en	hat ten	hab en	hät ten	hab en Sie

2 **sein***   ist – war – ist gewesen

	Indikativ		Konjunktiv I	Konjunktiv II	Imperativ
	Präsens	Imperfekt	Gegenwart	Gegenwart/Zukunft	
ich	bin	war	sei	wär e	–
du	bist	war st	sei (e)st	wär (e)st	sei
er/sie/es	ist	war	sei	wär e	–
wir	sind	war en	sei en	wär en	sei en wir
ihr	seid	war t	sei et	wär (e)t	sei d
sie/Sie	sind	war en	sei en	wär en	sei en Sie

3 **werden***   wird – wurde – ist worden/geworden

	Indikativ		Konjunktiv I	Konjunktiv II	Imperativ
	Präsens	Imperfekt	Gegenwart	Gegenwart/Zukunft	
ich	werd e	wurd e	werd e	würd e	–
du	wir st	wurd est	werd est	würd est	werd (e)
er/sie/es	wird	wurd e	werd e	würd e	–
wir	werd en	wurd en	werd en	würd en	werd en wir
ihr	werd et	wurd et	werd et	würd et	werd et
sie/Sie	werd en	wurd en	werd en	würd en	werd en Sie

Bildung der zusammengesetzten Verbformen ⇨ S. 117 ff.

Modalverben

4 dürfen*   darf – durfte – hat dürfen/gedurft

	Indikativ		Konjunktiv I	Konjunktiv II	Imperativ
	Präsens	Imperfekt	Gegenwart	Gegenwart/Zukunft	
ich	darf	durf te	dürf e	dürf te	–
du	darf st	durf test	dürf est	dürf test	–
er/sie/es	darf	durf te	dürf e	dürf te	–
wir	dürf en	durf ten	dürf en	dürf ten	–
ihr	dürf t	durf tet	dürf et	dürf tet	–
sie/Sie	dürf en	durf ten	dürf en	dürf ten	–

5 können*   kann – konnte – hat können/gekonnt

	Indikativ		Konjunktiv I	Konjunktiv II	Imperativ
	Präsens	Imperfekt	Gegenwart	Gegenwart/Zukunft	
ich	kann	konn te	könn e	könn te	–
du	kann st	konn test	könn est	könn test	–
er/sie/es	kann	konn te	könn e	könn te	–
wir	könn en	konn ten	könn en	könn ten	–
ihr	könn t	konn tet	könn et	könn tet	–
sie/Sie	könn en	konn ten	könn en	könn ten	–

6 mögen*   mag – mochte – hat mögen/gemocht

	Indikativ		Konjunktiv I	Konjunktiv II	Imperativ
	Präsens	Imperfekt	Gegenwart	Gegenwart/Zukunft	
ich	mag	moch te	mög e	möch te	–
du	mag st	moch test	mög est	möch test	–
er/sie/es	mag	moch te	mög e	möch te	–
wir	mög en	moch ten	mög en	möch ten	–
ihr	mög t	moch tet	mög et	möch tet	–
sie/Sie	mög en	moch ten	mög en	möch ten	–

Bildung der zusammengesetzten Verbformen ⇨ S. 117 ff.

7 **müssen*** muss – musste – hat müssen/gemusst

	Indikativ		Konjunktiv I	Konjunktiv II	Imperativ
	Präsens	Imperfekt	Gegenwart	Gegenwart/Zukunft	
ich	muss	muss te	müss e	müss te	–
du	muss t	muss test	müss est	müss test	–
er/sie/es	muss	muss te	müss e	müss te	–
wir	müss en	muss ten	müss en	müss ten	–
ihr	müss t	muss tet	müss et	müss tet	–
sie/Sie	müss en	muss ten	müss en	müss ten	–

8 **sollen*** soll – sollte – hat sollen/gesollt

	Indikativ		Konjunktiv I	Konjunktiv II	Imperativ
	Präsens	Imperfekt	Gegenwart	Gegenwart/Zukunft	
ich	soll	soll te	soll e	soll te	–
du	soll st	soll test	soll est	soll test	–
er/sie/es	soll	soll te	soll e	soll te	–
wir	soll en	soll ten	soll en	soll ten	–
ihr	soll t	soll tet	soll et	soll tet	–
sie/Sie	soll en	soll ten	soll en	soll ten	–

9 **wollen*** will – wollte – hat wollen/gewollt

	Indikativ		Konjunktiv I	Konjunktiv II	Imperativ
	Präsens	Imperfekt	Gegenwart	Gegenwart/Zukunft	
ich	will	woll te	woll e	woll te	–
du	will st	woll test	woll est	woll test	–
er/sie/es	will	woll te	woll e	woll te	–
wir	woll en	woll ten	woll en	woll ten	–
ihr	woll t	woll tet	woll et	woll tet	–
sie/Sie	woll en	woll ten	woll en	woll ten	–

Bildung der zusammengesetzten Verbformen ⇨ S. 117 ff.

10 **machen*** macht – machte – hat gemacht

	Indikativ		Konjunktiv I	Konjunktiv II	Imperativ
	Präsens	Imperfekt	Gegenwart	Gegenwart/Zukunft	
ich	mach e	mach te	mach e	mach te	–
du	mach st	mach test	mach est	mach test	mach (e)
er/sie/es	mach t	mach te	mach e	mach te	–
wir	mach en	mach ten	mach en	mach ten	mach en wir
ihr	mach t	mach tet	mach et	mach tet	mach t
sie/Sie	mach en	mach ten	mach en	mach ten	mach en Sie

11 **arbeiten*** arbeitet – arbeitete – hat gearbeitet

	Indikativ		Konjunktiv I	Konjunktiv II	Imperativ
	Präsens	Imperfekt	Gegenwart	Gegenwart/Zukunft	
ich	arbeit e	arbeit ete	arbeit e	arbeit ete	–
du	arbeit est	arbeit etest	arbeit est	arbeit etest	arbeit e
er/sie/es	arbeit et	arbeit ete	arbeit e	arbeit ete	–
wir	arbeit en	arbeit eten	arbeit en	arbeit eten	arbeit en wir
ihr	arbeit et	arbeit etet	arbeit et	arbeit etet	arbeit et
sie/Sie	arbeit en	arbeit eten	arbeit en	arbeit eten	arbeit en Sie

12 **handeln*** handelt – handelte – hat gehandelt

	Indikativ		Konjunktiv I	Konjunktiv II	Imperativ
	Präsens	Imperfekt	Gegenwart	Gegenwart/Zukunft	
ich	handl e	handel te	handl e	handel te	–
du	handel st	handel test	handl est	handel test	handl e
er/sie/es	handel t	handel te	handl e	handel te	–
wir	handel n	handel ten	handl en	handel ten	handel n wir
ihr	handel t	handel tet	handl et	handel tet	handel t
sie/Sie	handel n	handel ten	handl en	handel ten	handel n Sie

Bildung der zusammengesetzten Verbformen ⇨ S. 117 ff.

13 erinnern*   erinnert – erinnerte – hat erinnert

	Indikativ		Konjunktiv I	Konjunktiv II	Imperativ
	Präsens	Imperfekt	Gegenwart	Gegenwart/Zukunft	
ich	erinner e	erinner te	erinner e	erinner te	–
du	erinner st	erinner test	erinner est	erinner test	erinner e
er/sie/es	erinner t	erinner te	erinner e	erinner te	–
wir	erinner **n**	erinner ten	erinner en	erinner ten	erinner **n** wir
ihr	erinner t	erinner tet	erinner et	erinner tet	erinner t
sie/Sie	erinner **n**	erinner ten	erinner en	erinner ten	erinner **n** Sie

14 schützen*   schützt – schützte – hat geschützt

	Indikativ		Konjunktiv I	Konjunktiv II	Imperativ
	Präsens	Imperfekt	Gegenwart	Gegenwart/Zukunft	
ich	schütz e	schütz te	schütz e	schütz te	–
du	schütz **t**	schütz test	schütz est	schütz test	schütz (e)
er/sie/es	schütz t	schütz te	schütz e	schütz te	–
wir	schütz en	schütz ten	schütz en	schütz ten	schütz en wir
ihr	schütz t	schütz tet	schütz et	schütz tet	schütz t
sie/Sie	schütz en	schütz ten	schütz en	schütz ten	schütz en Sie

Bildung der zusammengesetzten Verbformen ⇨ S. 117 ff.

15   **beginnen***   beginnt – begann – hat begonnen

	Indikativ		Konjunktiv I	Konjunktiv II	Imperativ
	Präsens	Imperfekt	Gegenwart	Gegenwart/Zukunft	
ich	beginn e	begann	beginn e	begänn e	–
du	beginn st	begann st	beginn est	begänn est	beginn (e)
er/sie/es	beginn t	begann	beginn e	begänn e	–
wir	beginn en	begann en	beginn en	begänn en	beginn en wir
ihr	beginn t	begann t	beginn et	begänn et	beginn t
sie/Sie	beginn en	begann en	beginn en	begänn en	beginn en Sie

16   **beißen**   beißt – biss – hat gebissen

	Indikativ		Konjunktiv I	Konjunktiv II	Imperativ
	Präsens	Imperfekt	Gegenwart	Gegenwart/Zukunft	
ich	beiß e	biss	beiß e	biss e	–
du	beiß t	biss t	beiß est	biss est	beiß (e)
er/sie/es	beiß t	biss	beiß e	biss e	–
wir	beiß en	biss en	beiß en	biss en	beiß en wir
ihr	beiß t	biss t	beiß et	biss et	beiß t
sie/Sie	beiß en	biss en	beiß en	biss en	beiß en Sie

17   **bieten***   bietet – bot – hat geboten

	Indikativ		Konjunktiv I	Konjunktiv II	Imperativ
	Präsens	Imperfekt	Gegenwart	Gegenwart/Zukunft	
ich	biet e	bot	biet e	böt e	–
du	biet est	bot (e)st	biet est	böt est	biet e
er/sie/es	biet et	bot	biet e	böt e	–
wir	biet en	bot en	biet en	böt en	biet en wir
ihr	biet et	bot et	biet et	böt et	biet et
sie/Sie	biet en	bot en	biet en	böt en	biet en Sie

Bildung der zusammengesetzten Verbformen ⇨ S. 117 ff.

18 bitten* bittet – bat – hat gebeten

	Indikativ		Konjunktiv I	Konjunktiv II	Imperativ
	Präsens	Imperfekt	Gegenwart	Gegenwart/Zukunft	
ich	bitt e	bat	bitt e	bät e	–
du	bitt est	bat (e)st	bitt est	bät est	bitt e
er/sie/es	bitt et	bat	bitt e	bät e	–
wir	bitt en	bat en	bitt en	bät en	bitt en wir
ihr	bitt et	bat et	bitt et	bät et	bitt et
sie/Sie	bitt en	bat en	bitt en	bät en	bitt en Sie

19 blasen bläst – blies – hat geblasen

	Indikativ		Konjunktiv I	Konjunktiv II	Imperativ
	Präsens	Imperfekt	Gegenwart	Gegenwart/Zukunft	
ich	blas e	blies	blas e	blies e	–
du	bläs t	blies t	blas est	blies est	blas (e)
er/sie/es	bläs t	blies	blas e	blies e	–
wir	blas en	blies en	blas en	blies en	blas en wir
ihr	blas t	blies t	blas et	blies et	blas t
sie/Sie	blas en	blies en	blas en	blies en	blas en Sie

20 bleiben* bleibt – blieb – ist geblieben

	Indikativ		Konjunktiv I	Konjunktiv II	Imperativ
	Präsens	Imperfekt	Gegenwart	Gegenwart/Zukunft	
ich	bleib e	blieb	bleib e	blieb e	–
du	bleib st	blieb st	bleib est	blieb est	bleib (e)
er/sie/es	bleib t	blieb	bleib e	blieb e	–
wir	bleib en	blieb en	bleib en	blieb en	bleib en wir
ihr	bleib t	blieb t	bleib et	blieb et	bleib t
sie/Sie	bleib en	blieb en	bleib en	blieb en	bleib en Sie

Bildung der zusammengesetzten Verbformen ⇨ S. 117 ff.

21 brechen*   bricht – brach – hat/ist gebrochen

	Indikativ		Konjunktiv I	Konjunktiv II	Imperativ
	Präsens	Imperfekt	Gegenwart	Gegenwart/Zukunft	
ich	brech e	brach	brech e	bräch e	–
du	brich st	brach st	brech est	bräch est	brich
er/sie/es	brich t	brach	brech e	bräch e	–
wir	brech en	brach en	brech en	bräch en	brech en wir
ihr	brech t	brach t	brech et	bräch et	brech t
sie/Sie	brech en	brach en	brech en	bräch en	brech en Sie

22 bringen*   bringt – brachte – hat gebracht

	Indikativ		Konjunktiv I	Konjunktiv II	Imperativ
	Präsens	Imperfekt	Gegenwart	Gegenwart/Zukunft	
ich	bring e	brach te	bring e	bräch te	–
du	bring st	brach test	bring est	bräch test	bring (e)
er/sie/es	bring t	brach te	bring e	bräch te	–
wir	bring en	brach ten	bring en	bräch ten	bring en wir
ihr	bring t	brach tet	bring et	bräch tet	bring t
sie/Sie	bring en	brach ten	bring en	bräch ten	bring en Sie

23 denken*   denkt – dachte – hat gedacht

	Indikativ		Konjunktiv I	Konjunktiv II	Imperativ
	Präsens	Imperfekt	Gegenwart	Gegenwart/Zukunft	
ich	denk e	dach te	denk e	däch te	–
du	denk st	dach test	denk est	däch test	denk (e)
er/sie/es	denk t	dach te	denk e	däch te	–
wir	denk en	dach ten	denk en	däch ten	denk en wir
ihr	denk t	dach tet	denk et	däch tet	denk t
sie/Sie	denk en	dach ten	denk en	däch ten	denk en Sie

Bildung der zusammengesetzten Verbformen ⇨ S. 117 ff.

24 | erschrecken* — erschrickt – erschrak – ist erschrocken

	Indikativ		Konjunktiv I	Konjunktiv II	Imperativ
	Präsens	Imperfekt	Gegenwart	Gegenwart/Zukunft	
ich	erschreck e	erschrak	erschreck e	erschräk e	–
du	erschrick st	erschrak st	erschreck est	erschräk est	erschrick
er/sie/es	erschrick t	erschrak	erschreck e	erschräk e	–
wir	erschreck en	erschrak en	erschreck en	erschräk en	erschreck en wir
ihr	erschreck t	erschrak t	erschreck et	erschräk et	erschreck t
sie/Sie	erschreck en	erschrak en	erschreck en	erschräk en	erschreck en Sie

25 | fahren* — fährt – fuhr – ist gefahren

	Indikativ		Konjunktiv I	Konjunktiv II	Imperativ
	Präsens	Imperfekt	Gegenwart	Gegenwart/Zukunft	
ich	fahr e	fuhr	fahr e	führ e	–
du	fähr st	fuhr st	fahr est	führ est	fahr (e)
er/sie/es	fähr t	fuhr	fahr e	führ e	–
wir	fahr en	fuhr en	fahr en	führ en	fahr en wir
ihr	fahr t	fuhr t	fahr et	führ et	fahr t
sie/Sie	fahr en	fuhr en	fahr en	führ en	fahr en Sie

26 | fallen* — fällt – fiel – ist gefallen

	Indikativ		Konjunktiv I	Konjunktiv II	Imperativ
	Präsens	Imperfekt	Gegenwart	Gegenwart/Zukunft	
ich	fall e	fiel	fall e	fiel e	–
du	fäll st	fiel st	fall est	fiel est	fall (e)
er/sie/es	fäll t	fiel	fall e	fiel e	–
wir	fall en	fiel en	fall en	fiel en	fall en wir
ihr	fall t	fiel t	fall et	fiel et	fall t
sie/Sie	fall en	fiel en	fall en	fiel en	fall en Sie

Bildung der zusammengesetzten Verbformen ➪ S. 117 ff.

27 fangen   fängt – fing – hat gefangen

	Indikativ		Konjunktiv I	Konjunktiv II	Imperativ
	Präsens	Imperfekt	Gegenwart	Gegenwart/Zukunft	
ich	fang e	fing	fang e	fing e	–
du	fäng st	fing st	fang est	fing est	fang (e)
er/sie/es	fäng t	fing	fang e	fing e	–
wir	fang en	fing en	fang en	fing en	fang en wir
ihr	fang t	fing t	fang et	fing et	fang t
sie/Sie	fang en	fing en	fang en	fing en	fang en Sie

28 finden*   findet – fand – hat gefunden

	Indikativ		Konjunktiv I	Konjunktiv II	Imperativ
	Präsens	Imperfekt	Gegenwart	Gegenwart/Zukunft	
ich	find e	fand	find e	fänd e	–
du	find est	fand (e)st	find est	fänd est	find e
er/sie/es	find et	fand	find e	fänd e	–
wir	find en	fand en	find en	fänd en	find en wir
ihr	find et	fand et	find et	fänd et	find et
sie/Sie	find en	fand en	find en	fänd en	find en Sie

29 fliegen*   fliegt – flog – ist geflogen

	Indikativ		Konjunktiv I	Konjunktiv II	Imperativ
	Präsens	Imperfekt	Gegenwart	Gegenwart/Zukunft	
ich	flieg e	flog	flieg e	flög e	–
du	flieg st	flog st	flieg est	flög est	flieg (e)
er/sie/es	flieg t	flog	flieg e	flög e	–
wir	flieg en	flog en	flieg en	flög en	flieg en wir
ihr	flieg t	flog t	flieg et	flög et	flieg t
sie/Sie	flieg en	flog en	flieg en	flög en	flieg en Sie

Bildung der zusammengesetzten Verbformen ⇨ S. 117 ff.

30 geben*   gibt – gab – hat gegeben

	Indikativ		Konjunktiv I	Konjunktiv II	Imperativ
	Präsens	Imperfekt	Gegenwart	Gegenwart/Zukunft	
ich	geb e	gab	geb e	gäb e	–
du	gib st	gab st	geb est	gäb est	gib
er/sie/es	gib t	gab	geb e	gäb e	–
wir	geb en	gab en	geb en	gäb en	geb en wir
ihr	geb t	gab t	geb et	gäb et	geb t
sie/Sie	geb en	gab en	geb en	gäb en	geb en Sie

31 gehen*   geht – ging – ist gegangen

	Indikativ		Konjunktiv I	Konjunktiv II	Imperativ
	Präsens	Imperfekt	Gegenwart	Gegenwart/Zukunft	
ich	geh e	ging	geh e	ging e	–
du	geh st	ging st	geh est	ging est	geh (e)
er/sie/es	geh t	ging	geh e	ging e	–
wir	geh en	ging en	geh en	ging en	geh en wir
ihr	geh t	ging t	geh et	ging et	geh t
sie/Sie	geh en	ging en	geh en	ging en	geh en Sie

32 gelten*   gilt – galt – hat gegolten

	Indikativ		Konjunktiv I	Konjunktiv II	Imperativ
	Präsens	Imperfekt	Gegenwart	Gegenwart/Zukunft	
ich	gelt e	galt	gelt e	gält e	–
du	gilt st	galt (e)st	gelt est	gält est	–
er/sie/es	gilt	galt	gelt e	gält e	–
wir	gelt en	galt en	gelt en	gält en	–
ihr	gelt et	galt et	gelt et	gält et	–
sie/Sie	gelt en	galt en	gelt en	gält en	–

Bildung der zusammengesetzten Verbformen ➪ S. 117 ff.

33 gleichen   gleicht – glich – hat geglichen

	Indikativ		Konjunktiv I	Konjunktiv II	Imperativ
	Präsens	Imperfekt	Gegenwart	Gegenwart/Zukunft	
ich	gleich e	glich	gleich e	glich e	–
du	gleich st	glich st	gleich est	glich est	gleich (e) ◆
er/sie/es	gleich t	glich	gleich e	glich e	–
wir	gleich en	glich en	gleich en	glich en	gleich en wir ◆
ihr	gleich t	glich t	gleich et	glich et	gleich t ◆
sie/Sie	gleich en	glich en	gleich en	glich en	gleich en Sie ◆

◆ Die Imperativ-Formen sind ungebräuchlich,
dienen aber als Modell-Konjugation für Verben wie *vergleichen, ausweichen, durchstreichen*.

34 greifen   greift – griff – hat gegriffen

	Indikativ		Konjunktiv I	Konjunktiv II	Imperativ
	Präsens	Imperfekt	Gegenwart	Gegenwart/Zukunft	
ich	greif e	griff	greif e	griff e	–
du	greif st	griff st	greif est	griff est	greif (e)
er/sie/es	greif t	griff	greif e	griff e	–
wir	greif en	griff en	greif en	griff en	greif en wir
ihr	greif t	griff t	greif et	griff et	greif t
sie/Sie	greif en	griff en	greif en	griff en	greif en Sie

35 halten*   hält – hielt – hat gehalten

	Indikativ		Konjunktiv I	Konjunktiv II	Imperativ
	Präsens	Imperfekt	Gegenwart	Gegenwart/Zukunft	
ich	halt e	hielt	halt e	hielt e	–
du	hält st	hielt (e)st	halt est	hielt est	halt (e)
er/sie/es	hält	hielt	halt e	hielt e	–
wir	halt en	hielt en	halt en	hielt en	halt en wir
ihr	halt et	hielt et	halt et	hielt et	halt et
sie/Sie	halt en	hielt en	halt en	hielt en	halt en Sie

Bildung der zusammengesetzten Verbformen ⇨ S. 117 ff.

36 hängen*   hängt – hing – hat gehangen

	Indikativ		Konjunktiv I	Konjunktiv II	Imperativ
	Präsens	Imperfekt	Gegenwart	Gegenwart/Zukunft	
ich	häng e	hing	häng e	hing e	–
du	häng st	hing st	häng est	hing est	häng (e)
er/sie/es	häng t	hing	häng e	hing e	–
wir	häng en	hing en	häng en	hing en	häng en wir
ihr	häng t	hing t	häng et	hing et	häng t
sie/Sie	häng en	hing en	häng en	hing en	häng en Sie

37 heben*   hebt – hob – hat gehoben

	Indikativ		Konjunktiv I	Konjunktiv II	Imperativ
	Präsens	Imperfekt	Gegenwart	Gegenwart/Zukunft	
ich	heb e	hob	heb e	höb e	–
du	heb st	hob st	heb est	höb est	heb (e)
er/sie/es	heb t	hob	heb e	höb e	–
wir	heb en	hob en	heb en	höb en	heb en wir
ihr	heb t	hob t	heb et	höb et	heb t
sie/Sie	heb en	hob en	heb en	höb en	heb en Sie

38 heißen*   heißt – hieß – hat geheißen

	Indikativ		Konjunktiv I	Konjunktiv II	Imperativ
	Präsens	Imperfekt	Gegenwart	Gegenwart/Zukunft	
ich	heiße	hieß	heiß e	hieß e	–
du	heißt	hieß t	heiß est	hieß est	heiß (e)
er/sie/es	heißt	hieß	heiß e	hieß e	–
wir	heißen	hieß en	heiß en	hieß en	heiß en wir
ihr	heißt	hieß t	heiß et	hieß et	heiß t
sie/Sie	heißen	hieß en	heiß en	hieß en	heiß en Sie

Bildung der zusammengesetzten Verbformen ⇨ S. 117 ff.

39 | **helfen*** hilft – half – hat geholfen

	Indikativ		Konjunktiv I	Konjunktiv II	Imperativ
	Präsens	Imperfekt	Gegenwart	Gegenwart/Zukunft	
ich	helf e	half	helf e	hülf e	–
du	hilf st	half st	helf est	hülf est	hilf
er/sie/es	hilf t	half	helf e	hülf e	–
wir	helf en	half en	helf en	hülf en	helf en wir
ihr	helf t	half t	helf et	hülf et	helf t
sie/Sie	helf en	half en	helf en	hülf en	helf en Sie

40 | **kennen*** kennt – kannte – hat gekannt

	Indikativ		Konjunktiv I	Konjunktiv II	Imperativ
	Präsens	Imperfekt	Gegenwart	Gegenwart/Zukunft	
ich	kenn e	kann te	kenn e	kenn te	–
du	kenn st	kann test	kenn est	kenn test	kenn (e) ◆
er/sie/es	kenn t	kann te	kenn e	kenn te	–
wir	kenn en	kann ten	kenn en	kenn ten	kenn en wir ◆
ihr	kenn t	kann tet	kenn et	kenn tet	kenn t ◆
sie/Sie	kenn en	kann ten	kenn en	kenn ten	kenn en Sie ◆

◆ Die Imperativ-Formen sind ungebräuchlich,
dienen aber als Modell-Konjugation für Verben wie *bekennen, nennen, rennen*.

41 | **kommen*** kommt – kam – ist gekommen

	Indikativ		Konjunktiv I	Konjunktiv II	Imperativ
	Präsens	Imperfekt	Gegenwart	Gegenwart/Zukunft	
ich	komm e	kam	komm e	käm e	–
du	komm st	kam st	komm est	käm est	komm (e)
er/sie/es	komm t	kam	komm e	käm e	–
wir	komm en	kam en	komm en	käm en	komm en wir
ihr	komm t	kam t	komm et	käm et	komm t
sie/Sie	komm en	kam en	komm en	käm en	komm en Sie

Bildung der zusammengesetzten Verbformen ⇨ S. 117 ff.

42 | **laden***   lädt – lud – hat geladen

	Indikativ		Konjunktiv I	Konjunktiv II	Imperativ
	Präsens	Imperfekt	Gegenwart	Gegenwart/Zukunft	
ich	lad e	lud	lad e	lüd e	–
du	läd st	lud st	lad est	lüd est	lad e
er/sie/es	läd t	lud	lad e	lüd e	–
wir	lad en	lud en	lad en	lüd en	lad en wir
ihr	lad et	lud et	lad et	lüd et	lad et
sie/Sie	lad en	lud en	lad en	lüd en	lad en Sie

43 | **lassen***   lässt – ließ – hat gelassen/lassen

	Indikativ		Konjunktiv I	Konjunktiv II	Imperativ
	Präsens	Imperfekt	Gegenwart	Gegenwart/Zukunft	
ich	lass e	ließ	lass e	ließ e	–
du	läss t	ließ t	lass est	ließ est	lass
er/sie/es	läss t	ließ	lass e	ließ e	–
wir	lass en	ließ en	lass en	ließ en	lass en wir
ihr	lass t	ließ t	lass et	ließ et	lass t
sie/Sie	lass en	ließ en	lass en	ließ en	lass en Sie

44 | **laufen***   läuft – lief – ist gelaufen

	Indikativ		Konjunktiv I	Konjunktiv II	Imperativ
	Präsens	Imperfekt	Gegenwart	Gegenwart/Zukunft	
ich	lauf e	lief	lauf e	lief e	–
du	läuf st	lief st	lauf est	lief est	lauf (e)
er/sie/es	läuf t	lief	lauf e	lief e	–
wir	lauf en	lief en	lauf en	lief en	lauf en wir
ihr	lauf t	lief t	lauf et	lief et	lauf t
sie/Sie	lauf en	lief en	lauf en	lief en	lauf en Sie

Bildung der zusammengesetzten Verbformen ⇨ S. 117 ff.

45 | **leiden***   leidet – litt – hat gelitten

	Indikativ		Konjunktiv I	Konjunktiv II	Imperativ
	Präsens	Imperfekt	Gegenwart	Gegenwart/Zukunft	
ich	leid e	litt	leid e	litt e	–
du	leid est	litt st	leid est	litt est	leid e
er/sie/es	leid et	litt	leid e	litt e	–
wir	leid en	litt en	leid en	litt en	leid en wir
ihr	leid et	litt et	leid et	litt et	leid et
sie/Sie	leid en	litt en	leid en	litt en	leid en Sie

46 | **leihen***   leiht – lieh – hat geliehen

	Indikativ		Konjunktiv I	Konjunktiv II	Imperativ
	Präsens	Imperfekt	Gegenwart	Gegenwart/Zukunft	
ich	leih e	lieh	leih e	lieh e	–
du	leih st	lieh st	leih est	lieh est	leih (e)
er/sie/es	leih t	lieh	leih e	lieh e	–
wir	leih en	lieh en	leih en	lieh en	leih en wir
ihr	leih t	lieh t	leih et	lieh et	leih t
sie/Sie	leih en	lieh en	leih en	lieh en	leih en Sie

47 | **lesen***   liest – las – hat gelesen

	Indikativ		Konjunktiv I	Konjunktiv II	Imperativ
	Präsens	Imperfekt	Gegenwart	Gegenwart/Zukunft	
ich	les e	las	les e	läs e	–
du	lies t	las t	les est	läs est	lies
er/sie/es	lies t	las	les e	läs e	–
wir	les en	las en	les en	läs en	les en wir
ihr	les t	las t	les et	läs et	les t
sie/Sie	les en	las en	les en	läs en	les en Sie

Bildung der zusammengesetzten Verbformen ➪ S. 117 ff.

48 | liegen*   liegt – lag – hat gelegen

	Indikativ		Konjunktiv I	Konjunktiv II	Imperativ
	Präsens	Imperfekt	Gegenwart	Gegenwart/Zukunft	
ich	lieg e	lag	lieg e	läg e	–
du	lieg st	lag st	lieg est	läg est	lieg (e)
er/sie/es	lieg t	lag	lieg e	läg e	–
wir	lieg en	lag en	lieg en	läg en	lieg en wir
ihr	lieg t	lag t	lieg et	läg et	lieg t
sie/Sie	lieg en	lag en	lieg en	läg en	lieg en Sie

49 | lügen*   lügt – log – hat gelogen

	Indikativ		Konjunktiv I	Konjunktiv II	Imperativ
	Präsens	Imperfekt	Gegenwart	Gegenwart/Zukunft	
ich	lüg e	log	lüg e	lög e	–
du	lüg st	log st	lüg est	lög est	lüg (e)
er/sie/es	lüg t	log	lüg e	lög e	–
wir	lüg en	log en	lüg en	lög en	lüg en wir
ihr	lüg t	log t	lüg et	lög et	lüg t
sie/Sie	lüg en	log en	lüg en	lög en	lüg en Sie

50 | meiden   meidet – mied – hat gemieden

	Indikativ		Konjunktiv I	Konjunktiv II	Imperativ
	Präsens	Imperfekt	Gegenwart	Gegenwart/Zukunft	
ich	meid e	mied	meid e	mied e	–
du	meid est	mied st	meid est	mied est	meid e
er/sie/es	meid et	mied	meid e	mied e	–
wir	meid en	mied en	meid en	mied en	meid en wir
ihr	meid et	mied et	meid et	mied et	meid et
sie/Sie	meid en	mied en	meid en	mied en	meid en Sie

Bildung der zusammengesetzten Verbformen ⤳ S. 117 ff.

51 nehmen*   nimmt – nahm – hat genommen

	Indikativ		Konjunktiv I	Konjunktiv II	Imperativ
	Präsens	Imperfekt	Gegenwart	Gegenwart/Zukunft	
ich	nehm e	nahm	nehm e	nähm e	–
du	nimm st	nahm st	nehm est	nähm est	nimm
er/sie/es	nimm t	nahm	nehm e	nähm e	–
wir	nehm en	nahm en	nehm en	nähm en	nehm en wir
ihr	nehm t	nahm t	nehm et	nähm et	nehm t
sie/Sie	nehm en	nahm en	nehm en	nähm en	nehm en Sie

52 raten*   rät – riet – hat geraten

	Indikativ		Konjunktiv I	Konjunktiv II	Imperativ
	Präsens	Imperfekt	Gegenwart	Gegenwart/Zukunft	
ich	rat e	riet	rat e	riet e	–
du	rät st	riet (e)st	rat est	riet est	rat (e)
er/sie/es	rät	riet	rat e	riet e	–
wir	rat en	riet en	rat en	riet en	rat en wir
ihr	rat et	riet et	rat et	riet et	rat et
sie/Sie	rat en	riet en	rat en	riet en	rat en Sie

53 riechen*   riecht – roch – hat gerochen

	Indikativ		Konjunktiv I	Konjunktiv II	Imperativ
	Präsens	Imperfekt	Gegenwart	Gegenwart/Zukunft	
ich	riech e	roch	riech e	röch e	–
du	riech st	roch st	riech est	röch est	riech (e)
er/sie/es	riech t	roch	riech e	röch e	–
wir	riech en	roch en	riech en	röch en	riech en wir
ihr	riech t	roch t	riech et	röch et	riech t
sie/Sie	riech en	roch en	riech en	röch en	riech en Sie

Bildung der zusammengesetzten Verbformen ⤳ S. 117 ff.

54 | **rufen*** ruft – rief – hat gerufen

	Indikativ		Konjunktiv I	Konjunktiv II	Imperativ
	Präsens	Imperfekt	Gegenwart	Gegenwart/Zukunft	
ich	ruf e	rief	ruf e	rief e	–
du	ruf st	rief st	ruf est	rief est	ruf (e)
er/sie/es	ruf t	rief	ruf e	rief e	–
wir	ruf en	rief en	ruf en	rief en	ruf en wir
ihr	ruf t	rief t	ruf et	rief et	ruf t
sie/Sie	ruf en	rief en	ruf en	rief en	ruf en Sie

55 | **saufen** säuft – soff – hat gesoffen

	Indikativ		Konjunktiv I	Konjunktiv II	Imperativ
	Präsens	Imperfekt	Gegenwart	Gegenwart/Zukunft	
ich	sauf e	soff	sauf e	söff e	–
du	säuf st	soff st	sauf est	söff est	sauf (e)
er/sie/es	säuf t	soff	sauf e	söff e	–
wir	sauf en	soff en	sauf en	söff en	sauf en wir
ihr	sauf t	soff t	sauf et	söff et	sauf t
sie/Sie	sauf en	soff en	sauf en	söff en	sauf en Sie

56 | **schaffen*** schafft – schuf – hat geschaffen

	Indikativ		Konjunktiv I	Konjunktiv II	Imperativ
	Präsens	Imperfekt	Gegenwart	Gegenwart/Zukunft	
ich	schaff e	schuf	schaff e	schüf e	–
du	schaff st	schuf st	schaff est	schüf est	schaff (e)
er/sie/es	schaff t	schuf	schaff e	schüf e	–
wir	schaff en	schuf en	schaff en	schüf en	schaff en wir
ihr	schaff t	schuf t	schaff et	schüf et	schaff t
sie/Sie	schaff en	schuf en	schaff en	schüf en	schaff en Sie

Bildung der zusammengesetzten Verbformen ⇨ S. 117 ff.

Unregelmäßige Verben

57 · schlafen* · schläft – schlief – hat geschlafen

	Indikativ		Konjunktiv I	Konjunktiv II	Imperativ
	Präsens	Imperfekt	Gegenwart	Gegenwart/Zukunft	
ich	schlaf e	schlief	schlaf e	schlief e	–
du	schläf st	schlief st	schlaf est	schlief est	schlaf (e)
er/sie/es	schläf t	schlief	schlaf e	schlief e	–
wir	schlaf en	schlief en	schlaf en	schlief en	schlaf en wir
ihr	schlaf t	schlief t	schlaf et	schlief et	schlaf t
sie/Sie	schlaf en	schlief en	schlaf en	schlief en	schlaf en Sie

58 · schließen* · schließt – schloss – hat geschlossen

	Indikativ		Konjunktiv I	Konjunktiv II	Imperativ
	Präsens	Imperfekt	Gegenwart	Gegenwart/Zukunft	
ich	schließ e	schloss	schließ e	schlöss e	–
du	schließ t	schloss (es)t	schließ est	schlöss est	schließ (e)
er/sie/es	schließ t	schloss	schließ e	schlöss e	–
wir	schließ en	schloss en	schließ en	schlöss en	schließ en wir
ihr	schließ t	schloss t	schließ et	schlöss et	schließ t
sie/Sie	schließ en	schloss en	schließ en	schlöss en	schließ en Sie

59 · schreien* · schreit – schrie – hat geschrien

	Indikativ		Konjunktiv I	Konjunktiv II	Imperativ
	Präsens	Imperfekt	Gegenwart	Gegenwart/Zukunft	
ich	schrei e	schrie	schrei e	schrie e	–
du	schrei st	schrie st	schrei est	schrie est	schrei (e)
er/sie/es	schrei t	schrie	schrei e	schrie e	–
wir	schrei en	schrie n	schrei en	schrie en	schrei en wir
ihr	schrei t	schrie t	schrei et	schrie et	schrei t
sie/Sie	schrei en	schrie n	schrei en	schrie en	schrei en Sie

Bildung der zusammengesetzten Verbformen ⇨ S. 117 ff.

60 | **schwellen** schw**i**llt – schw**o**ll – ist geschw**o**llen

	Indikativ		Konjunktiv I	Konjunktiv II	Imperativ
	Präsens	Imperfekt	Gegenwart	Gegenwart/Zukunft	
ich	schwell e	schwoll	schwell e	schwöll e	–
du	schwill st	schwoll st	schwell est	schwöll est	schwill ♦
er/sie/es	schwill t	schwoll	schwell e	schwöll e	–
wir	schwell en	schwoll en	schwell en	schwöll en	schwell en wir ♦
ihr	schwell t	schwoll t	schwell et	schwöll et	schwell t ♦
sie/Sie	schwell en	schwoll en	schwell en	schwöll en	schwell en Sie ♦

♦ Die Imperativ-Formen sind ungebräuchlich, dienen aber als Modell-Konjugation für Verben wie *verdreschen*.

61 | **sehen*** s**ie**ht – s**a**h – hat gesehen

	Indikativ		Konjunktiv I	Konjunktiv II	Imperativ
	Präsens	Imperfekt	Gegenwart	Gegenwart/Zukunft	
ich	seh e	sah	seh e	säh e	–
du	sieh st	sah st	seh est	säh est	sieh
er/sie/es	sieh t	sah	seh e	säh e	–
wir	seh en	sah en	seh en	säh en	seh en wir
ihr	seh t	sah t	seh et	säh et	seh t
sie/Sie	seh en	sah en	seh en	säh en	seh en Sie

62 | **senden*** sendet – s**a**ndte – hat ges**a**ndt

	Indikativ		Konjunktiv I	Konjunktiv II	Imperativ
	Präsens	Imperfekt	Gegenwart	Gegenwart/Zukunft	
ich	send e	sand te	send e	send ete	–
du	send est	sand test	send est	send etest	send (e)
er/sie/es	send et	sand te	send e	send ete	–
wir	send en	sand ten	send en	send eten	send en wir
ihr	send et	sand tet	send et	send etet	send et
sie/Sie	send en	sand ten	send en	send eten	send en Sie

Bildung der zusammengesetzten Verbformen ⇨ S. 117 ff.

63 · sitzen* · sitzt – saß – hat gesessen

	Indikativ		Konjunktiv I	Konjunktiv II	Imperativ
	Präsens	Imperfekt	Gegenwart	Gegenwart/Zukunft	
ich	sitz e	saß	sitz e	säß e	–
du	sitz t	saß t	sitz est	säß est	sitz (e)
er/sie/es	sitz t	saß	sitz e	säß e	–
wir	sitz en	saß en	sitz en	säß en	sitz en wir
ihr	sitz t	saß t	sitz et	säß et	sitz t
sie/Sie	sitz en	saß en	sitz en	säß en	sitz en Sie

64 · springen* · springt – sprang – ist gesprungen

	Indikativ		Konjunktiv I	Konjunktiv II	Imperativ
	Präsens	Imperfekt	Gegenwart	Gegenwart/Zukunft	
ich	spring e	sprang	spring e	spräng e	–
du	spring st	sprang st	spring est	spräng est	spring (e)
er/sie/es	spring t	sprang	spring e	spräng e	–
wir	spring en	sprang en	spring en	spräng en	spring en wir
ihr	spring t	sprang t	spring et	spräng et	spring t
sie/Sie	spring en	sprang en	spring en	spräng en	spring en Sie

65 · stehen* · steht – stand – hat gestanden

	Indikativ		Konjunktiv I	Konjunktiv II	Imperativ
	Präsens	Imperfekt	Gegenwart	Gegenwart/Zukunft	
ich	steh e	stand	steh e	stünd e	–
du	steh st	stand (e)st	steh est	stünd est	steh (e)
er/sie/es	steh t	stand	steh e	stünd e	–
wir	steh en	stand en	steh en	stünd en	steh en wir
ihr	steh t	stand et	steh et	stünd et	steh t
sie/Sie	steh en	stand en	steh en	stünd en	steh en Sie

Bildung der zusammengesetzten Verbformen ⇨ S. 117 ff.

66 **stehlen*** stiehlt – stahl – hat gestohlen

	Indikativ		Konjunktiv I	Konjunktiv II	Imperativ
	Präsens	Imperfekt	Gegenwart	Gegenwart/Zukunft	
ich	stehl e	stahl	stehl e	stähl e	–
du	stiehl st	stahl st	stehl est	stähl est	stiehl
er/sie/es	stiehl t	stahl	stehl e	stähl e	–
wir	stehl en	stahl en	stehl en	stähl en	stehl en wir
ihr	stehl t	stahl t	stehl et	stähl et	stehl t
sie/Sie	stehl en	stahl en	stehl en	stähl en	stehl en Sie

67 **sterben*** stirbt – starb – ist gestorben

	Indikativ		Konjunktiv I	Konjunktiv II	Imperativ
	Präsens	Imperfekt	Gegenwart	Gegenwart/Zukunft	
ich	sterb e	starb	sterb e	stürb e	–
du	stirb st	starb st	sterb est	stürb est	stirb
er/sie/es	stirb t	starb	sterb e	stürb e	–
wir	sterb en	starb en	sterb en	stürb en	sterb en wir
ihr	sterb t	starb t	sterb et	stürb et	sterb t
sie/Sie	sterb en	starb en	sterb en	stürb en	sterb en Sie

68 **stoßen** stößt – stieß – hat/ist gestoßen

	Indikativ		Konjunktiv I	Konjunktiv II	Imperativ
	Präsens	Imperfekt	Gegenwart	Gegenwart/Zukunft	
ich	stoß e	stieß	stoß e	stieß e	–
du	stöß t	stieß t	stoß est	stieß est	stoß (e)
er/sie/es	stöß t	stieß	stoß e	stieß e	–
wir	stoß en	stieß en	stoß en	stieß en	stoß en wir
ihr	stoß t	stieß t	stoß et	stieß et	stoß t
sie/Sie	stoß en	stieß en	stoß en	stieß en	stoß en Sie

Bildung der zusammengesetzten Verbformen ➪ S. 117 ff.

69 | **tragen*** trägt – trug – hat getragen

	Indikativ		Konjunktiv I	Konjunktiv II	Imperativ
	Präsens	Imperfekt	Gegenwart	Gegenwart/Zukunft	
ich	trag e	trug	trag e	trüg e	–
du	träg st	trug st	trag est	trüg est	trag (e)
er/sie/es	träg t	trug	trag e	trüg e	–
wir	trag en	trug en	trag en	trüg en	trag en wir
ihr	trag t	trug t	trag et	trüg et	trag t
sie/Sie	trag en	trug en	trag en	trüg en	trag en Sie

70 | **treffen*** trifft – traf – hat getroffen

	Indikativ		Konjunktiv I	Konjunktiv II	Imperativ
	Präsens	Imperfekt	Gegenwart	Gegenwart/Zukunft	
ich	treff e	traf	treff e	träf e	–
du	triff st	traf st	treff est	träf est	triff
er/sie/es	triff t	traf	treff e	träf e	–
wir	treff en	traf en	treff en	träf en	treff en wir
ihr	treff t	traf t	treff et	träf et	treff t
sie/Sie	treff en	traf en	treff en	träf en	treff en Sie

71 | **treten*** tritt – trat – hat/ist getreten

	Indikativ		Konjunktiv I	Konjunktiv II	Imperativ
	Präsens	Imperfekt	Gegenwart	Gegenwart/Zukunft	
ich	tret e	trat	tret e	trät e	–
du	tritt st	trat (e)st	tret est	trät est	tritt
er/sie/es	tritt	trat	tret e	trät e	–
wir	tret en	trat en	tret en	trät en	tret en wir
ihr	tret et	trat et	tret et	trät et	tret et
sie/Sie	tret en	trat en	tret en	trät en	tret en Sie

Bildung der zusammengesetzten Verbformen ⇨ S. 117 ff.

72 trinken* trinkt – trank – hat getrunken

	Indikativ		Konjunktiv I	Konjunktiv II	Imperativ
	Präsens	Imperfekt	Gegenwart	Gegenwart/Zukunft	
ich	trink e	trank	trink e	tränk e	–
du	trink st	trank st	trink est	tränk est	trink (e)
er/sie/es	trink t	trank	trink e	tränk e	–
wir	trink en	trank en	trink en	tränk en	trink en wir
ihr	trink t	trank t	trink et	tränk et	trink t
sie/Sie	trink en	trank en	trink en	tränk en	trink en Sie

73 tun* tut – tat – hat getan

	Indikativ		Konjunktiv I	Konjunktiv II	Imperativ
	Präsens	Imperfekt	Gegenwart	Gegenwart/Zukunft	
ich	tu (e)	tat	tu e	tät e	–
du	tu st	tat (e)st	tu est	tät est	tu (e)
er/sie/es	tu t	tat	tu e	tät e	–
wir	tu n	tat en	tu en	tät en	tu n wir
ihr	tu t	tat et	tu et	tät et	tu t
sie/Sie	tu n	tat en	tu en	tät en	tu n Sie

74 vergessen* vergisst – vergaß – hat vergessen

	Indikativ		Konjunktiv I	Konjunktiv II	Imperativ
	Präsens	Imperfekt	Gegenwart	Gegenwart/Zukunft	
ich	vergess e	vergaß	vergess e	vergäß e	–
du	vergiss t	vergaß t	vergess est	vergäß est	vergiss
er/sie/es	vergiss t	vergaß	vergess e	vergäß e	–
wir	vergess en	vergaß en	vergess en	vergäß en	vergess en wir
ihr	vergess t	vergaß t	vergess et	vergäß et	vergess t
sie/Sie	vergess en	vergaß en	vergess en	vergäß en	vergess en Sie

Bildung der zusammengesetzten Verbformen ⇨ S. 117 ff.

Unregelmäßige Verben

75 verlieren* verliert – verlor – hat verloren

	Indikativ		Konjunktiv I	Konjunktiv II	Imperativ
	Präsens	Imperfekt	Gegenwart	Gegenwart/Zukunft	
ich	verlier e	verlor	verlier e	verlör e	–
du	verlier st	verlor st	verlier est	verlör est	verlier (e)
er/sie/es	verlier t	verlor	verlier e	verlör e	–
wir	verlier en	verlor en	verlier en	verlör en	verlier en wir
ihr	verlier t	verlor t	verlier et	verlör et	verlier t
sie/Sie	verlier en	verlor en	verlier en	verlör en	verlier en Sie

76 wachsen* wächst – wuchs – ist gewachsen

	Indikativ		Konjunktiv I	Konjunktiv II	Imperativ
	Präsens	Imperfekt	Gegenwart	Gegenwart/Zukunft	
ich	wachs e	wuchs	wachs e	wüchs e	–
du	wächs t	wuchs t	wachs est	wüchs est	wachs (e)
er/sie/es	wächs t	wuchs	wachs e	wüchs e	–
wir	wachs en	wuchs en	wachs en	wüchs en	wachs en wir
ihr	wachs t	wuchs t	wachs et	wüchs et	wachs t
sie/Sie	wachs en	wuchs en	wachs en	wüchs en	wachs en Sie

77 waschen* wäscht – wusch – hat gewaschen

	Indikativ		Konjunktiv I	Konjunktiv II	Imperativ
	Präsens	Imperfekt	Gegenwart	Gegenwart/Zukunft	
ich	wasch e	wusch	wasch e	wüsch e	–
du	wäsch st	wusch st	wasch est	wüsch est	wasch (e)
er/sie/es	wäsch t	wusch	wasch e	wüsch e	–
wir	wasch en	wusch en	wasch en	wüsch en	wasch en wir
ihr	wasch t	wusch t	wasch et	wüsch et	wasch t
sie/Sie	wasch en	wusch en	wasch en	wüsch en	wasch en Sie

Bildung der zusammengesetzten Verbformen ⇨ S. 117 ff.

78 | weisen   weist – w**ie**s – hat gew**ie**sen

	Indikativ		Konjunktiv I	Konjunktiv II	Imperativ
	Präsens	Imperfekt	Gegenwart	Gegenwart/Zukunft	
ich	weis e	w**ie**s	weis e	w**ie**s e	–
du	weis t	w**ie**s t	weis est	w**ie**s est	weis (e)
er/sie/es	weis t	w**ie**s	weis e	w**ie**s e	–
wir	weis en	w**ie**s en	weis en	w**ie**s en	weis en wir
ihr	weis t	w**ie**s t	weis et	w**ie**s et	weis t
sie/Sie	weis en	w**ie**s en	weis en	w**ie**s en	weis en Sie

79 | wissen*   we**iß** – w**u**sste – hat gew**u**sst

	Indikativ		Konjunktiv I	Konjunktiv II	Imperativ
	Präsens	Imperfekt	Gegenwart	Gegenwart/Zukunft	
ich	we**iß**	w**u**ss te	wiss e	w**ü**ss te	–
du	we**iß** t	w**u**ss test	wiss est	w**ü**ss test	–
er/sie/es	we**iß**	w**u**ss te	wiss e	w**ü**ss te	–
wir	wiss en	w**u**ss ten	wiss en	w**ü**ss ten	–
ihr	wiss t	w**u**ss tet	wiss et	w**ü**ss tet	–
sie/Sie	wiss en	w**u**ss ten	wiss en	w**ü**ss ten	–

80 | ziehen*   zieht – z**o**g – hat gez**o**gen

	Indikativ		Konjunktiv I	Konjunktiv II	Imperativ
	Präsens	Imperfekt	Gegenwart	Gegenwart/Zukunft	
ich	zieh e	z**o**g	zieh e	z**ö**g e	–
du	zieh st	z**o**g st	zieh est	z**ö**g est	zieh (e)
er/sie/es	zieh t	z**o**g	zieh e	z**ö**g e	–
wir	zieh en	z**o**g en	zieh en	z**ö**g en	zieh en wir
ihr	zieh t	z**o**g t	zieh et	z**ö**g et	zieh t
sie/Sie	zieh en	z**o**g en	zieh en	z**ö**g en	zieh en Sie

Bildung der zusammengesetzten Verbformen ⮕ S. 117 ff.

Verben mit Besonderheiten

81 | Verben mit unregelmäßigem Partizip

	Präsens	Imperfekt	Perfekt
backen*	er backt / bäckt	er backte (buk)	er hat gebacken
fechten	er ficht / fechtet ugs.	er focht / fechtete ugs.	er hat gefochten / gefechtet ugs.
flechten	er flicht / flechtet ugs.	er flocht / flechtete ugs.	er hat geflochten / geflechtet ugs.
hauen	er haut	er haute (hieb lit.)	er hat gehauen
mahlen	er mahlt	er mahlte	er hat gemahlen
melken	er melkt	er melkte (molk)	er hat gemolken / gemelkt
salzen	er salzt	er salzte	er hat gesalzen / gesalzt
saugen	er saugt	er saugte (sog)	er hat gesogen / gesaugt
schalten*	er schaltet	er schaltete	er hat geschaltet / geschalten ugs.
scheinen* (Sonne, Mond)	sie scheint	sie schien / scheinte ugs.	sie hat geschienen / gescheint ugs.
schinden	er schindet	er schindete (schund)	er hat geschunden
sieden	es siedet	es siedete (sott)	(es hat) gesotten / gesiedet
spalten	er spaltet	er spaltete	er hat gespalten / gespaltet
winken*	er winkt	er winkte	er hat gewinkt / gewunken

82 | Verben mit reduzierter Konjugation

	Präsens	Imperfekt	Perfekt
dünken	mich dünkt (deucht)	mich dünkte (deuchte)	mich hat gedünkt (gedeucht)
erkoren PP	–	sie erkor	sie hat erkoren er ist auserkoren
erlöschen verlöschen	es erlischt	es erlosch	es ist erloschen
gären vergären	es gärt	es gärte (gor)	es hat gegärt es ist gegoren
gebären	sie gebärt (gebiert)	sie gebar	sie hat/ist geboren*

Bildung der zusammengesetzten Verbformen ⇨ S. 117 ff.

Verben mit Besonderheiten

83 | **Verben mit Partizip ohne *ge-***

	Perfekt
kredenzen	sie hat kredenzt
offenbaren	sie hat offenbart
posaunen	sie hat posaunt
prophezeien	sie hat prophezeit
rumoren	sie hat rumort
schmarotzen	sie hat schmarotzt
trompeten	sie hat trompetet

	Perfekt
*alle Verben auf **-ieren*** z. B. **informieren**	sie hat informiert

Bei allen untrennbaren Verben, die *nicht* auf der ersten Silbe betont werden: *bekommen, entstehen, gehören, verkaufen, ...*

Bildung der zusammengesetzten Verbformen ⇨ S. 117 ff.

Benutzerhinweise

Nachfolgend sind ca. 3000 Verben aufgelistet, die aus dem gängigen Sprachgebrauch deutschsprachiger Muttersprachler stammen.

Sie decken das Niveau A2, B1/B2 und C1/C2 ab.

Zu jedem Verb in der Liste bekommen Sie folgende Informationen:

- wie das Verb konjugiert wird: mit Hilfe der Verbtabellen 1 bis 83 auf S. 145–175
- ob das Verb trennbar oder untrennbar ist: Form a, b, c oder d
- ob das Verb das Perfekt mit *sein* oder *haben* bildet
- wo der Wortakzent beim Verb liegt und ob der Vokal lang oder kurz ist
- ob das Verb Teil der Wortschatzliste zur Prüfung *Zertifikat B1* und *TELC B1* ist
- ob das Verb aus der Umgangs- oder Schriftsprache kommt
- ob das Verb typischer Sprachgebrauch in Süddeutschland, Österreich oder der Schweiz ist

verbiegen **29**c	Konjugation wie in Verbtabelle VT 29 fliegen, siehe dazu Verbtabellen 1 bis 83 auf S. 145–175
einladen . . . . .42**a** anerkennen . . . . .40**b** bemerken . . . . .10**c** durchschauen . . . . .10**da** durchschauen 10**dc**	Regeln zu den trennbaren/untrennbaren Verben → S. 134–136 a = **trennbar** + Partizip **mit ge** *eingeladen* b = **trennbar** + Partizip **ohne ge** *ich erkenne an → habe anerkannt* c = **untrennbar** + Partizip **ohne ge** *bemerkt* da = **trennbar** + Partizip **mit ge** *durchgeschaut* dc = **untrennbar** + Partizip **ohne ge** *durchschaut*
abwenden **11/62a**	*abwenden* kann regelmäßig →VT 11 und unregelmäßig →VT 62 konjugiert werden, die Bedeutung bleibt gleich.
abhängen[1] * . . . . .10a abhängen[2] 36a	*abhängen* wird regelmäßig →VT 10 oder unregelmäßig →VT 36 konjugiert, dabei ändert sich auch die Bedeutung.
abonnieren . . . .**10+83**	*abonnieren* wird regelmäßig konjugiert →VT 10, das Partizip Perfekt hat aber eine besondere Form →VT 83
downloaden *engl.* 11a	englische Fremdwörter mit deutscher Konjugation, z. B. *downloaden → downgeloadet*
gehen (= fett gedruckt)	*gehen* hat eine eigene Verbtabelle
gehen *	Wortschatz für die Prüfungen *Zertifikat B1* und *TELC B1*
bitten bzw. baden	kurzer bzw. langer Vokal mit Wortakzent
PP / Konj. / Präs. / Imperf.	Partizip Perfekt / Konjunktiv / Präsens / Imperfekt
befinden **sich** einbilden **sich D**	Verb braucht Reflexivpronomen im Akkusativ *sich* im Dativ *sich**D***
(ist) bzw. **(hat/ist)**	Verb bildet das Perfekt mit *sein* bzw. mit *haben* und/oder *sein*
süddt., österr., schweiz.	regionalsprachliche Varianten: *süddeutsch, österreichisch, schweizerisch*
ugs. / geschr.	Umgangssprache / geschriebene Sprache

A

anberaumen 10b	anlocken 10a	anweisen 78a
anbeten 11a	anlügen 49a	anwenden 11/62a
anbiedern sich 13a	anmachen 10a	anwerben 67a
anbieten * 17a	anmaßen sich 14a	anzahlen 10a
anbinden 28a	anmelden * 11a	anzeigen 10a
anblicken 10a	anmerken 10a	anzetteln 12a
anbraten 52a	annähen 10a	anziehen * 80a
anbrechen (hat/ist) 21a	annehmen * 51a	anzünden * 11a
anbrennen (ist) 40a	anordnen 11a	appellieren . . . . 10+83
ändern * 13	anpassen 10a	applaudieren . . . . 10+83
andeuten 11a	anpfeifen 34a	**arbeiten** * 11
andichten 11a	anpreisen 78a	ärgern * 13
andrehen 10a	anprobieren . . . . 10+83	arrangieren . . . . 10+83
aneignen sich 11a	anrechnen 11a	assoziieren . . . . 10+83
anerkennen 40b	anreden 11a	atmen * 11
anerziehen 80b	anregen 10a	aufatmen 11a
anfahren (hat/ist) 25a	anrichten 11a	aufbacken . . . . 10+81a
anfallen (hat/ist) 26a	anrufen * 54a	aufbauen 10a
anfangen * 27a	anrühren 10a	aufbauschen 10a
anfassen * 14a	ansagen 10a	aufbegehren 10b
anfechten . . . . 11+81a	anschaffen * 10a	aufbewahren 10b
anfertigen 10a	anschalten . . . . 11+81a	aufblasen 19a
anfordern 13a	anschauen * 10a	aufbleiben (ist) 20a
angeben 30a	anschicken sich 10a	aufblühen (ist) 10a
angedeihen 10b	anschlagen 69a	aufbrausen (ist) 14a
angehen * (hat/ist) 31a	anschließen 58a	aufbrechen (hat/ist) . . . 21a
angehören 10b	anschnallen * 10a	aufbürden 11a
angeln 12	anschneiden 45a	aufdrehen 10a
angewöhnen 10b	anschreiben 20a	auferlegen 10b
angleichen 33a	anschreien 59a	aufessen 74a
angreifen 34a	anschwellen (ist) 60a	PP aufgegessen
ängstigen 10	ansehen * 61a	auffallen (ist) 26a
anhaben * 1a	ansetzen 14a	auffangen 27a
anhaften 11a	anspannen 10a	auffassen 14a
anhalten 35a	ansprechen 21a	auffinden 28a
anhängen 10a	anspringen (hat/ist) 64a	auffliegen (ist) 29a
anhäufen 10a	anstarren 10a	auffordern * 13a
anheben 37a	anstecken 10a	auffressen 74a
anhören 10a	anstehen (hat/ist süddt., . .65a	aufführen 10a
ankern 13	österr., schweiz.)	aufgeben * 30a
anklagen 10a	ansteigen (ist) 20a	aufgehen (ist) 31a
ankleiden 11a	anstellen 10a	aufhaben ugs. 1a
anklicken 10a	anstiften 11a	aufhalten 35a
anklopfen 10a	anstimmen 10a	aufhängen 10a
anknipsen 14a	anstoßen (hat/ist) 68a	aufheben * 37a
anknüpfen 10a	anstreichen 33a	aufheitern 13a
ankommen * (ist) 41a	anstrengen * 10a	aufholen 10a
ankreuzen 14a	antreffen 70a	aufhören * 10a
ankündigen 10a	antreiben 20a	aufklappen (hat/ist) 10a
anlangen ugs. 10a	antreten (hat/ist) 71a	aufklären * 10a
anlassen 43a	antun 73a	aufladen 42a
anlegen 10a	antworten * 11a	auflassen ugs. 43a
anlehnen 10a	anvertrauen 10b	auflauern 13a
anlernen 10a	anwachsen (ist) 76a	aufleben (ist) 10a

entwischen (ist) *ugs.* 10c
entwurzeln 12c
entziehen 80c
entziffern 13c
entzweien 10c
erachten 11c
erarbeiten 11c
erbauen 10c
erben 10
erbeuten 11c
erbitten 18c
erblicken 10c
erdulden 11c
ereignen sich * 11c
erfahren * 25c
erfassen 14c
erfinden * 28c
erfolgen (ist) 10c
erfordern 13c
erforschen 10c
erfrieren (ist) 75c
erfrischen 10c
erfüllen * 10c
ergänzen 14c
ergeben 30c
ergehen (ist) 31c
ergreifen 34c
erhalten * 35c
erheben 37c
erhoffen 10c
erhöhen * 10c
erholen sich * 10c
erinnern * 13
erkälten sich * 11c
erkämpfen 10c
erkennen * 40c
erklären * 10c
erklimmen 58c
erkoren *PP* 82
erkranken (ist) 10c
erkunden 11c
erkundigen sich * 10c
erlangen 10c
erlassen 43c
erlauben * 10c
erläutern 13c
erleben * 10c
erledigen * 10c
erleichtern 13c
erleiden 45c
erlernen 10c
erliegen (ist) 48c
erlöschen (ist) 82
ermächtigen 10c

ermahnen 10c
ermäßigen 10c
ermessen 74c
ermitteln 12c
ermöglichen 10c
ermorden 11c
ermüden (hat/ist) 11c
ermutigen 10c
ernähren * 10c
ernennen 40c
erneuern 13c
ernten 11
erobern 13c
eröffnen * 11c
erörtern 13c
erpressen 14c
erraten 52c
erregen 10c
erreichen * 10c
errichten 11c
erringen 64c
erröten (ist) 11c
ersaufen (ist) *ugs.* 55c
erschaffen 56c
erschallen (ist) 10c
erscheinen * (ist) 20c
erschießen 58c
erschrecken * (ist) 24
  erschrecken * 10c
erschüttern 13c
ersehen 61c
ersetzen 14c
ersinnen 15c
ersparen 10c
erstarren (ist) 10c
erstatten 11c
erstaunen (hat/ist) 10c
erstellen 10c
ersticken (ist) 10c
erstreben 10c
erstrecken sich 10c
ersuchen 10c
ertappen 10c
erteilen 10c
ertragen 69c
ertrinken (ist) 72c
erübrigen 10c
erwachen (ist) 10c
erwägen 29c
erwähnen 10c
erwarten * 11c
erweichen 10c
erweisen 78c
erweitern 13c

erwerben 67c
erwidern 13c
erzählen * 10c
erzeugen 10c
erziehen * 80c
erzielen 10c
erzwingen 64c
essen * *PP* gegessen 74
etablieren . . . . 10+83
existieren * . . . . 10+83
exmatrikulieren . . . . 10+83
experimentieren . . . . 10+83
explodieren (ist) . . . . 10+83
exportieren . . . . 10+83

F

fabrizieren . . . . 10+83
fahnden 11
fahren * (hat/ist) 25
fallen * (ist) 26
fälschen 10
falten 11
fangen 27
färben 10
fassen * 14
fasten 11
faulen (hat/ist) 10
faulenzen 14
faxen 14
fechten . . . . 11+81
fegen 10
fehlen * 10
fehlschlagen (ist) 69a
feiern * 13
fernbleiben (ist) 20a
fernhalten 35a
fernsehen * 61a
fertigen 10
festbinden 28a
festhalten * 35a
festigen 10
festlegen 10a
festmachen 10a
festnehmen 51a
festsetzen 14a
festsitzen (hat/ist *süddt.,* . . 63a
  österr., schweiz.)
feststehen (hat/ist *süddt.,* . 65a
  österr., schweiz.)
feststellen * 10a
feuern 13
filmen 10
filtern 13

H

I

Reihenweise Hilfe beim Deutschlernen!

deutsch üben, die Reihe für Anfänger zum Üben, für Fortgeschrittene zur gezielten Wiederholung. Sämtliche Bände verwendbar für Selbstlerner und als Zusatzmaterial zu jedem Lehrbuch.

deutsch üben:

Band 1
„mir" oder „mich"?
Übungen zur Formenlehre
ISBN 978–3–19–007449–5

Band 3/4
Weg mit den typischen Fehlern!
Teil 1: ISBN 978–3–19–007451–8
Teil 2: ISBN 978–3–19–007452–5

Band 5/6
Sag's besser!
Arbeitsbücher für Fortgeschrittene
Teil 1: Grammatik
ISBN 978–3–19–007453–2
Teil 2: Ausdruckserweiterung
ISBN 978–3–19–007454–9

Band 7
Schwierige Wörter
Übungen zu Verben, Nomen und
Adjektiven
ISBN 978–3–19–007455–6

Band 8
„der", „die" oder „das"?
Übungen zum Artikel
ISBN 978–3–19–007456–3

Band 9
Wortschatz und mehr
Übungen für die Mittel- und Oberstufe
ISBN 978–3–19–007457–0

Band 11
Wörter und Sätze
Satzgerüste für Fortgeschrittene
ISBN 978–3–19–007459–4

Band 12
Diktate hören –
schreiben – korrigieren
Mit 2 Audio-CDs
ISBN 978–3–19–007460–0

Band 13
Starke Verben
Unregelmäßige Verben des Deut-
schen zum Üben & Nachschlagen
ISBN 978–3–19–007488–4

Band 14
Schwache Verben
Unregelmäßige Verben des Deut-
schen zum Üben & Nachschlagen
ISBN 978–3–19–007489–1

Band 15
Präpositionen
ISBN 978–3–19–007490–7

Band 16
Verb-Trainer
Das richtige Verb in der richtigen Form
ISBN 978–3–19–107491–3

Band 17
Adjektive
ISBN 978–3–19–107450–0

deutsch üben – Taschentrainer:

Präpositionen
ISBN 978–3–19–007493–8

Wortschatz Grundstufe
A1 bis B1
ISBN 978–3–19–057493–3

Unregelmäßige Verben
A1 bis B1
ISBN 978–3–19–157493–2

Zeichensetzung
ISBN 978–3–19–107493–7

Artikel
ISBN 978–3–19–207493–6

»Das Gleiche ist nicht dasselbe!«
Stolpersteine der deutschen
Sprache
ISBN 978–3–19–257493–1

Briefe, E-Mails & Co.
Beispiele und Übungen
ISBN 978–3–19–307493–5

Fit in Grammatik A1/A2
ISBN 978–3–19–357493–0

Fit in Grammatik B1
ISBN 978–3–19–607493–2

Foto: © Thinktstock/iStockphoto